传递价值

茅台创造力

驱动创新的力量

张小军 马玥 熊玥伽 著

电子工业出版社
Publishing House of Electronics Industry
北京·BEIJING

未经许可，不得以任何方式复制或抄袭本书之部分或全部内容。
版权所有，侵权必究。

图书在版编目（CIP）数据

茅台创造力：驱动创新的力量 / 张小军，马玥，熊玥伽著．—北京：电子工业出版社，2022.12

ISBN 978-7-121-43076-3

Ⅰ．①茅… Ⅱ．①张… ②马… ③熊… Ⅲ．①茅台酒－企业管理－研究 Ⅳ．① F426.82

中国版本图书馆 CIP 数据核字（2022）第 208341 号

出版统筹：刘声峰
责任编辑：黄 菲　　　文字编辑：刘 甜　　　特约编辑：玄甲轩
印　　刷：天津图文方嘉印刷有限公司
装　　订：天津图文方嘉印刷有限公司
出版发行：电子工业出版社
　　　　　北京市海淀区万寿路 173 信箱　邮编：100036
开　　本：720×1000　1/16　印张：19.25　字数：285 千字
版　　次：2022 年 12 月第 1 版
印　　次：2022 年 12 月第 2 次印刷
定　　价：80.00 元

凡所购买电子工业出版社图书有缺损问题，请向购买书店调换。若书店售缺，请与本社发行部联系，联系及邮购电话：(010) 88254888，88258888。

质量投诉请发邮件至 zlts@phei.com.cn，盗版侵权举报请发邮件至 dbqq@phei.com.cn。

本书咨询联系方式：1024004410（QQ）。

总 序
大历史格局中的中国茅台

生于赤水河畔,源于秦汉,发扬于唐宋,成形于明,繁华于清,盛于当代,这就是中国茅台。穿越历史见证华夏文明演变,历经岁月更迭与经济发展,才有了今天茅台的千年传承、百年跨越、时代使命。

茅台演化于山谷文明,傍山而成,依水而存。川盐入黔后,借助盐道东风,誉遍中国大江南北。1915年,在巴拿马万国博览会上的惊艳亮相,使茅台一举走向世界,成为中国民族品牌的一张名片。此后,中国茅台不断在世界上获得多项殊荣,成为名副其实的世界三大蒸馏名酒之一。

从1951年国营建厂到2021年启动"十四五"规划,茅台从39人到4.3万余名员工,从酿酒烧房成长为现代化企业,从西南一隅走向全球舞台。回看历史,着眼当下,展望未来,以大历史观和世界观来看,茅台是生于斯长于斯的中国茅台,是将中国古老的农业文明带向今天现代文明的标志性案例,是在科技进步推动人类不断向前演进中,依然传承千年工艺、坚守品质

的范本。

我们研究茅台案例，是从中国管理学史的创新发展出发的。在世界范围内，早在20世纪初，美国、日本等国家便有了基于企业实践案例的管理学思想，并持续影响世界。今天，越来越多的中国企业走向世界，并在世界发展大格局中赢得一席之地，我们应该有这样的自信，可以从中国企业实践中抽象总结出经典的管理学思想与发展逻辑。无疑，茅台应该作为这样的范本，得到剖析。

本系列书首次客观、系统地探索茅台为什么成、茅台为什么独特、茅台为什么能等问题。作为头部企业观察者、记录者、研究者，得益于国家的飞速发展，也得益于企业实践的丰富多彩，我们有了更多样化的蓝本，同时，我们始终心存敬畏，坚持真实客观地进行解读，以期完整、系统地还原企业发展的实践与演变。

缘何发起茅台之问

大众对茅台并不陌生，在人们心中，茅台酒是好酒的代名词，茅台是中国民族品牌，茅台文化是中国白酒文化的杰出代表。但为何还要发起茅台之问？皆因大众对茅台往往"知其然不知其所以然"，甚至对"茅台是什么"这个问题的答案也并非完全熟知，因此，我们回归知识最初的三个层面，解读"茅台是什么""茅台为什么""茅台怎么样"。

茅台是什么

首先，茅台是一瓶酒，这是它的产品属性，但是这瓶酒代表了中国白酒酿造工艺的最高水平。茅台从历史中走来，带着悠久的记忆。茅台酒的工艺最早可以追溯到两千多年前，从西汉的枸酱到唐代的钩藤酒，再到之后的纯粮酒，原料从最初的水果变成粮食，技艺传承从口口相传到师带徒再到形成理论规范。这一路演进变化，吸纳了许多创新思想、方法，经过了数代酿酒人的传承和精进，才成为中国酿造工艺的高水平代表。

其次，茅台是一家企业，年营收过千亿元。旗下贵州茅台2021年年报显示，公司实现营收1 061.9亿元，同比增长11.9%；实现净利润524.6亿元，同比增长12.3%。

最后，茅台是中国白酒领军企业、国际知名白酒品牌，是2021年"BrandZ™最具价值全球品牌100强"排行榜唯一上榜的中国白酒企业，品牌价值达到1 093.30亿美元，在世界级烈酒企业中单品销售额高居全球第一，更在2021年首批入选中欧地理标志产品。

茅台为什么

茅台集团党委书记、董事长丁雄军认为，传承好茅台基因，关键在于回答好三个"为什么"——为什么离开茅台镇酿不出茅台酒？为什么茅台酒好喝？为什么茅台酒越陈越香？

丁雄军从茅台的生态、品质和时间密码三个维度回答了

"茅台为什么"。茅台酒的高品质离不开所处的生态环境：赤水河谷独特的微生物环境，造就了酿造茅台酒的15.03平方公里核心产区。同时，茅台酒的高品质也来自对传统工艺的坚守与对质量的把控：一丝不苟、心无旁骛、用心呵护，只为酿造一瓶好酒。独特的生态环境与对高品质的要求，可谓地利人和，再加之酒是时间的产物，是时间的瑰宝，也就有了茅台酒越陈越香的特质。

茅台怎么样

经历70多年的发展，从起步到辉煌，茅台作为一家实业企业、一个民族品牌，历来以国企使命、社会担当为己任。从发展路径来看，茅台不以追逐利润最大化为目标，始终保持自身的定力，稳定增长，这从产能与产量方面便可看出。在社会担当方面，茅台在2009年发布了第一份社会责任报告，到2021年，已经连续发布了13年，这是行业唯一，亦足见其对"责任为王"的坚守。在国企使命方面，无论公益还是社会，抑或环境，茅台在社会公益、脱贫攻坚、生态保护、行业竞合等方面，都体现出了大品牌、大担当的格局与胸怀。

百年风雨，四时更迭，中国企业经历波澜壮阔的社会变迁与时代变革，从落后到追赶，从赶超到跨越，实现了中国商业的进化与崛起。但像茅台这样的企业，能从历史长河中走来，并跟着新中国的号角发展，在足够长的时间内以质为本，把质量当成生命之魂，并不多见。

高质量发展的顶层设计

党的二十大报告强调:"高质量发展是全面建设社会主义现代化国家的首要任务。发展是党执政兴国的第一要务。没有坚实的物质技术基础,就不可能全面建成社会主义现代化强国。必须完整、准确、全面贯彻新发展理念,坚持社会主义市场经济改革方向,坚持高水平对外开放,加快构建以国内大循环为主体、国内国际双循环相互促进的新发展格局。"自党的十九大报告提出"高质量发展"以来,着力推动高质量发展,就被摆在了突出位置。

茅台集团党委书记、董事长丁雄军在2021年9月24日召开的贵州茅台酒股份有限公司2021年第一次临时股东大会上指出:"立足新秩序重塑期、新格局形成期、新改革攻坚期'三期',走好蓝绿白紫红'五线发展道路'○,按照'聚主业、调结构、强配套、构生态'发展思路,着力把股份公司打造成为世界一流的上市企业。"之后一年时间,茅台从顶层设计上提出坚定不移走好"五线发展道路",出台推进生产高质量发展的实施意见,提出"五匠质量观"、"五合营销法"、构建现代供应链生态圈,高质量发展体系基本成型。

在新时代、新语境下,茅台以高质强企为追求,赋予质量

○ 五线发展道路是指蓝线、绿线、白线、紫线和红线。蓝线发展是愿景目标,绿线发展是低碳环保,白线发展是改革创新,紫线发展是茅台文化,红线则指环保底线、腐败高压线和安全生命线。

全局意义,丰富质量的内涵。企业发展不仅要确保生产质量,也要提高服务质量、经营质量、管理质量等,只有完善"大质量"管理体系,才能在高质量发展之路上阔步前行。

从"以质量求生存"的文化根源,到"视质量为生命"的文化提升,再到"质量是生命之魂"的文化升华,茅台正在做好质量文化的顶层设计,让"质量是生命之魂"成为新时代引领茅台高质量发展的精神信仰和价值追求。为呵护生命之魂,茅台提出遵循"五匠质量观"(匠心、匠魂、匠术、匠器、匠人),构建"365"质量管理体系,做到"事事都要质量官、处处都有质量官、人人都是质量官",形成时间轴、空间轴和人物轴"三轴"紧扣的质量管理链条。

志之所趋,无远弗届。新体系的构建展现了茅台面向高质量发展的雄心壮志。它将坚守大国企业的时代责任,牢记使命,坚持胸怀天下,坚持开拓创新,不畏风雨艰险,不为干扰所惑,以"咬定青山不放松"的定力创造价值,实现目标。

以高质量发展为中心,茅台形成了清晰的思路,对自身发展战略有着客观认知,从而建立了完整模型,做到有的放矢、精准施策。当然,未来的不确定性始终存在。在科技创新、国际化发展、对标世界一流企业的过程中,茅台需要解决层出不穷的难题。外部环境也不可控,消费时代变迁、市场周期波动,以及类似新冠肺炎疫情、食品安全问题、产业链重构这样的"黑天鹅""灰犀牛"事件,都是茅台随时要面对和抵御的风险。各种不确定性让研究茅台变得更有价值,让人们更加想要了解它如何在"五线发展道路"上行走，以实现预期的高质量发展目标。

生于忧患，死于安乐。企业应常怀远虑，居安思危。茅台将以质量为魂，以消费者为王，以责任为根本，以归零心态拥抱创新，开拓奋进，劈波斩浪，一往无前。

剖析中国商业的样本

2021年是茅台国营建厂70周年，也是贵州茅台上市20周年。

在茅台建厂70年的历程中，这一年是非常短暂的，却有着特殊意义。全球新冠肺炎疫情的发生改变了人们的生产生活方式，在新秩序重塑期、新格局形成期、新改革攻坚期"三期"叠加时代，我们不仅能够触摸茅台的过去，还有幸看到一个快速创新求变、焕发新姿态的茅台。

自中华人民共和国成立至今，从计划经济时代到社会主义市场经济时代，从物资紧缺到消费升级，从百废待兴到成为世界第二大经济体，中国社会经济发生了翻天覆地的变化。茅台亦从作坊到国营酒厂，再成长为年营收过千亿元的白酒行业领军企业，经历了从奠基立业到改革兴业，再从转型大业到高质强业的四个阶段。毫无疑问，在中国经济波澜壮阔的发展历程中，茅台演绎了精彩的故事。其中，既有产能破百吨、千吨、万吨的艰难挑战，也有年营收突破百亿元、千亿元的高光时刻，还有不断创新高的市值，以及从1个主品牌到"1+3+N"的

品牌版图进阶。

作为国营酒厂，茅台是国家轻工业发展的实践者、亲历者；在市场经济时代，茅台的发展是中国经济发展的缩影；身为白酒行业领军者，茅台为行业贡献了大量宝贵经验；作为高质量发展的品牌标杆和范本，茅台走在时代的前列。研究中国企业，一定离不开对茅台的研究。从商业角度剖析茅台，就是从一个最重要的样本角度记录中国企业的发展史。

考拉看看一直以记录为己任，认为从商业的视角来洞察、解读历史，是为了更好地走向未来。真实客观地解读茅台，可以为人们研究中国企业、研究中国白酒行业、研究茅台提供素材，可以让后人理解茅台在过去是如何创造奇迹的，也可以让更多人期待茅台的明天。

因此，在2020年，我们调研创作了《这就是茅台》，以全局视角洞见茅台，全景式解读茅台的成长逻辑。与此同步，团队从战略、文化、品牌、科技、管理及产品等多角度着手，更深入地挖掘茅台价值，揭开千亿企业的面纱。对于一个有着70余年历程、4万多名员工、年营收超千亿元的企业而言，只有从不同角度进行展现和剖析，才能让它更清晰、更立体，也更真实。

凝结茅台"五力"

站在大历史观角度看今日的茅台，考拉看看头部企业研究中心试图挖掘茅台这一标杆背后的商业逻辑，从时间维度、战略维度、管理维度、文化维度、业务维度出发，概括出茅台所具备的稳健、继承式创新、顺天应时、价值创造、稀缺性、高壁垒等多种特质，最终提炼出了茅台高质量发展的五大核心力量——工匠力、创造力、定力、美誉力、文化力，它们共同托起了茅台的理想和希望。

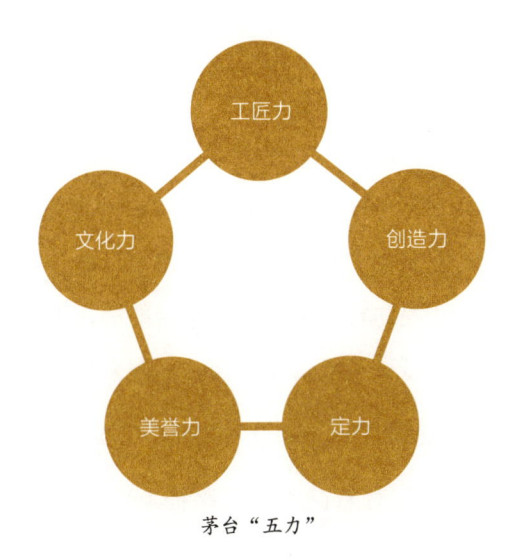

茅台"五力"

工匠力：工匠力是茅台行走于高品质之路的强大动力，呈立体攀升的态势。人、尺度和持续性是其立体化的重要支撑。这种力量具有不可复制的特性，从时空融合到人工技艺，都是时间、空间、人共同打造的独特集合。茅台工匠力不仅是产品品质的重要支撑，也是和大国工匠力可堪比拟的力量。工匠力持续积累、爆发，推动茅台的成长，使其成为大国工匠的先行者，并将助力茅台创造更辉煌的未来。

创造力：创新是指创造新的事物、方法，并能获得一定效

果的行为。而创造，则是包含创新含义的更大范围的概念，它是企业有意识的、主动的行为。在创造力的作用下，茅台自信满满、活力四射，通过极具智慧的思考、巧妙的方法、勤劳的双手，不断迎接挑战、解决问题，实现跨越式发展，开创行业先河，并为社会贡献力量。创造力是茅台的内生动力，塑造了茅台的今天，并将带领茅台拥抱未来。

定力：《无量寿经》卷下记载："定力、慧力、多闻之力。"其中，定力意味着注心一境，不散乱，有极强的意志之力。茅台的定力来自茅台对国家的热爱、对使命的坚定追求、对行业深刻的认识与洞察、对产品的信仰与情怀、对市场的敬畏、对消费者的尊重与善待。正是这样的力量，让茅台能够在历史长河中坚守正道，抵抗诱惑，抵御风险，历经苦难，迎来今天的成就。

美誉力：美誉力是企业产品、服务、营销、文化及品牌等因素的综合体现，它有双向生长的路径。内生的力量能构建茅台品牌生长路径，深入品质特性，展现品牌性格，彰显企业风范。外生的力量形成于外部环境中，来自消费者、经销商、供应商及其他社会群体的正向反馈。美誉力对于企业品牌占领用户心智、树立行业自信、开拓全球市场、传播中国文化有着驱动作用。这种看不见的力量让茅台美誉持续绽放，提升市场竞争力，筑造抗风险的坚固城墙。

文化力：由茅台文化投射出的茅台文化力，是基于茅台文化内涵的一种张力，是价值观和秩序的重建能力。对于茅台内部而言，它构建了企业的内部凝聚力和发展力；对于消费者而言，它重新定义了一瓶好酒的价值。对于行业而言，它重构了行业的格局和秩序。从微观来看，文化是助推茅台成功的关键力量，茅台成功的一个决定性因素就在于对文化的深度挖掘与融合。从宏观来看，茅台文化力折射出了中国文化复兴的光辉，亦是白酒文化的代表性力量。

基于此，我们将茅台"五力"凝聚为五部作品，即《茅台工匠力》《茅台创造力》《茅台定力》《茅台美誉力》《茅台文化力》，融合商业、文化、社会学及品牌等视角，通过模型构建，用场景化、主题式、切片式的方式，对每一种力量进行阐释，研究其形成的原因、赋能企业发展的路径及未来发展方向。

站在"两个一百年"奋斗目标的历史交汇点，征途漫漫，唯有奋斗。站在茅台建厂70周年的新起点，面对未来的无人之境，无限风光在险峰，唯有前行，不负韶光。在新征程上，我们期待茅台继续埋头苦干、自我革新、勇毅前行，创造更辉煌的未来。我们更相信，以茅台为代表的高质量发展样本企业，一定能够不负使命、攻坚克难，迎来更伟大的胜利和荣耀。

时光总是向前，奋斗永不停歇。循梦而行，向阳而生，所有美好，终将绽放。欢迎读者与我们交流，我们的电子邮箱是：5256100@qq.com。

张小军　马　玥　熊玥伽

2022年11月1日

特别说明：

每一个汉字都承载着特定的文化信息，具有丰富的文化内涵，"茅台"这个词在本书的写作中，除非有特定语境，均为茅台集团或茅台酒的简称，具体理解与描述语境相关。在本书中，中国贵州茅台酒厂（集团）有限责任公司简称茅台集团，贵州茅台酒股份有限公司简称贵州茅台，贵州茅台酒厂（集团）习酒有限责任公司（2022年9月9日，贵州习酒投资控股集团有限责任公司揭牌）简称习酒，其他涉及茅台集团的分公司、子公司，本书尽量采用类似的简称进行描述。

前 言
茅台的创造力

创造力是人类特有的能力，它助力人类不断发现新规律、创造新事物。站在商业视角，创造力让企业变得独特，具有竞争力，实现自我发展，并推动社会进步。拥有旺盛创造力的企业，绝不会在发展瓶颈面前无能为力，也不会在挫折面前妥协后退，因为它们足够自信、坚韧，并且笃定自己能够战胜挑战，拥抱未来。

在探索茅台发展的路上，创造力不可忽视。从山川河水到风味香气，从一抔紫红泥到看不见摸不着的微生物，从一颗红缨子到一根红丝带……茅台的创造力以不同的形式呈现出来。

企业因创造而生

创造力是一种改变现实认知的能力，是创新的前提和基础。创造力越强，对现实的影响力也越大。能够在风云变幻的市场上攻城略地并长久保持竞争优势的企业，无一不具有出色

的创造力。它们或为了抵御风险、减少不确定性，或为了解决某种问题，不断地利用创造力改变世界。

在企业的发展中，创造力意味着拥有创造性的经营理念。如松下电器的创始人松下幸之助提出"自来水哲学"理念，将消除世界贫困视为企业的使命，视贡献社会为经营的第一理想，使企业的生命融入社会发展中，从而让企业得以发展。

创造力也反映在对全新生产方式的创造上。如福特汽车的创始人亨利·福特将工业流水线应用于汽车生产中，极大地提高了汽车的生产效率，降低了生产成本，使汽车成为大部分美国人的必需品，让美国成为"车轮上的国家"。

创造力还贯穿了企业发展的全生命周期。如华为对信息与通信技术迭代的不懈追求；Apple（苹果公司）不断对产品进行创新，满足消费者的个性化需求；3M公司则以"成为最具创意的企业"为企业使命，独辟蹊径地为消费者制造了大量具有创意的产品。

管理学界也流传着一个经典的故事。有两个卖鞋的商人来到非洲的一个小村庄，发现这里的村民没有穿鞋，而是光着脚工作、生活、学习。其中一个商人想：这里的人没有穿鞋的需求，我的鞋在这里不存在销售空间。另一个商人的想法则与之相反：这里的人买不到鞋穿，我的鞋在这里一定会卖得很好。

几年后，思维固化的商人还在四处为他的鞋子寻找市场，并且因为经营不善而陷入困境，而那个具有创造力的商人，则将大量的鞋销往非洲，获得了巨大成功。

这个故事反映出创造力对企业的重要意义。企业能够通过创造力对自身进行定位，并不断发展、完善。作为社会的组成部分，企业一旦失去了创造力，就丧失了存续的价值，最终会在时代浪潮中被淘汰。在此种意义上，企业是因创造而生的。柯达、诺基亚、摩托罗拉这些曾经站在顶峰的品牌，无不是因为创造力缺失而没落。

企业要在竞争激烈的市场环境里持续生存，就必须充分发挥创造力，做到与时俱进、持续创新。尤其在经济全球化的今天，创造力的重要性更为凸显。经济全球化加快了资源流动和信息传播的速度，在全球范围内，生产要素向前所未有的深度和广度传播。此时，企业唯有牢牢掌握创造力这一立身之本，才能够乘风破浪，驶向拥有美好前景的未来。

因此，考拉看看头部企业研究中心深研茅台创造力，通过剖析这家千亿级企业的创造力，回答茅台创造力从何而来、如何形成、有何影响等一系列问题，为更多企业获得创造力、培养创造力、拥有生生不息的动力提供参考。

什么创造了茅台？

时代是成就茅台的一股强大力量。洪流滚滚，时代亦浩荡前行，既有所成就，也有所曲折。茅台便如随洪波扬帆远航的小船，与大时代一起同呼吸、共命运。

茅台的成长根植于时代的发展。中华人民共和国成立以来，变化天翻地覆，不但产业实力今非昔比，国民收入亦不可同日而语。在这场跨越式的变化中，茅台从一个小作坊成为世界瞩目的大企业。

顺时而生，应时而成。其中有跨越，也有曲折。

中华人民共和国成立后，在国营化格局的大调整下，茅台酒厂建立，摆脱了酿酒小作坊的桎梏。当时，恢复生产、技术总结等多项工作同步进行，为茅台此后的发展奠定了根基。然而三年困难时期后，茅台经历了连续十六年的亏损，陷入混乱之中。直到改革开放的春风吹来，茅台的生产才逐步回暖。1988年，国家放开名酒价格管制，白酒市场化大幕拉开，茅台顺应时代机遇，开始市场化初探索。从2003年开始，白酒行业迎来"黄金十年"，茅台的价格和营收也在行业春天中迅速增长。2012年白酒行业进入深度转型期，大众消费市场崛起，茅台抓住消费升级和高质量发展两个趋势，站稳高端市场，乘势而上……茅台的一系列蜕变，都在时代的进程中完成。

茅台与时代共前行。时代对茅台的锻造，也可以说是历史对茅台的选择。东风或磨砺，茅台都照单全收，最终在时代中做引领者，顺潮流而昌。

茅台之所以成为茅台，还在于其独特的工艺创造。茅台的酿造工艺是白酒固态法酿造中最为复杂的工艺。历代茅台人在长期生产实践中，不断累积、归纳、创新和提升，总结出了酿造的独门秘籍，使茅台创造力有了根基。以工艺为核心的创新，奠定了茅台营销、管理、渠道等方面创造力的基础。没有工艺创造力，其他方面的创造力就无从谈起。

由源头来看，茅台酒的酿造本身就是一种创造力。将小麦、高粱、水三种原料变成融合独特风味的醇香美酒，这个过程就像一场充满艺术与想象力的魔术。而魔术的核心就是茅台代代相传的工艺。

从制作过程来看，数千年的智慧集合，升华了茅台工艺的创造灵魂。从汉代使用枸酱酿酒算起，到唐代使用糯米或杂粮酿造钩藤酒，再到宋代风曲法酒风靡一时，以及明清时期"回沙"工艺成形，"三茅"㊀时期酿造工艺的提升，都是茅台历史上工艺创新的节点。每一次工艺升级，都代表着茅台的一次跃升。与此同时，茅台的管理模式、人才结构、市场战略等也随着工艺创新而不断改进。

茅台的工艺，一直在传承中不断精进和创新。通过一代代茅台人的持续努力，才最终酿造了一瓶好酒，开拓了一个企业的成长之路。

茅台是由源远流长的历史文化所创造的。酒在很大程度上是文化的产品，酒中承载了多少历史，就有多少可以挖掘的创造空间。从这一层面来看，历史传承和创新创造并不冲突，反而互相呼应。特别是在历史上，赤水河谷的先民们奔涉险滩，靠着开拓创新的血性疏通赤水河，走出了群山环绕的河谷，为

㊀ 指华茅、王茅、赖茅。

后世留下一笔无形的宝贵遗产。这种河谷文明中世代传承的精神，是茅台文化富有个性的创造力基因。

生态文化的智慧，蕴藏在茅台人祖祖辈辈传承的酿造工艺中，融入了茅台的青山绿水中，也蕴含在空气里的微生物中。顺天应时、天人和谐，为茅台奠定了绿色创造的基础。而环环相扣的生态酿造理念，则推动了茅台的持续发展。

红色文化不仅给茅台注入了创造、变革的基因，也丰富了茅台的文化宝藏。1935年，红军在茅台三渡赤水河，给茅台留下了深刻的红色印记。红色文化在岁月中不断发酵，与茅台融为一体，创造了不一样的茅台。

家国文化则创造了茅台博大的天下观，为茅台大企业发展的格局埋下了伏笔。茅台不仅让自己成长，还让地方产业跟着自己一起成长。茅台不仅让自己发展，还带动全产业链一起发展。这种家国文化中孕育的商业文明，拓宽了茅台创造力的边界，以至无界。

丰富的文化创造了茅台，让茅台显示出宽厚、包容、开放、智慧、坚韧等性格特征，更让茅台获得了创造力之源。

茅台式创造

茅台的千年传承和现代化发展，很好地反映了作为生产力的创造力对企业经营活动的重要意义。

历史上，富有创造智慧的劳动人民在生产活动中发现了粮食的秘密，使固态的粮食发生了神奇蜕变，昔日贫瘠的村落开始酿造醉人芬芳的白酒。当下，延续至今的古法酿酒工艺与现代化管理巧妙结合，成就了今日的茅台。创造力为茅台提高生产力水平注入强大动力，激发新知识、新产品、新技术，提高生产效率，降低生产成本，并让企业的利益和价值最大化，为企业积累更多的物质和精神财富。

茅台创造力始终以人为核心。松下幸之助曾说："企业即人，成也在人，败也在人。"企业的外化表现，可以看作人的创造力的成果。

在茅台，人人都是创造者。首先，决策者的创造力影响着企业的战略与发展方向。对茅台来讲，身为国有企业，其决策并非一个人的意志，而是民主集中制的结果，这在很大程度上避免了个人决策的缺陷。集体智慧则保证了茅台的行稳致远。其次，科研人员的创造力是企业发展的强大引擎。他们进行富有创造力的活动，与生产经营相结合，增强了企业的竞争力。最后，基层工作者在各自岗位上发挥创造力，在日复一日的工作中，提出了诸多创造性思路和方法，为企业发展赋能。

营销人员将茅台酒与文化联系在一起，比加巴拿马万国博览会夺金，还有国宴酒、外交酒、纪念酒……一系列品牌故事使茅台酒声名远扬、香飘世界；科研人员将储存在酒师记忆里的酿酒经验整理成文字，并利用科技手段揭开微生物酿酒的奥秘，还通过技术创新提升茅台酒的品质和出酒率。在一线工作

的茅台工匠们脚踏实地，在实践中激发创造力。为了实现让茅台变得更好的共同目标，他们创造性地总结出上甑方法论，帮助工人快速掌握上甑诀窍；创新采用蒸汽烤酒，在保证品质不变的情况下减轻了工作负荷，提高了生产效率；发明碳纤维锹棒，节约了生产成本，保护了生态环境。

正因认识到人才对于创造力的重要性，茅台为人才提供开放、包容、和谐的创新创造氛围，例如，通过知识培训提高技能，举办丰富的文体活动以增强精神活力，并且为员工提供物质生活保障，尊重人才、爱护人才，从而激发出他们无穷的创造力。

茅台创造力是一种解决问题的能力。茅台发展历史上遇到过诸多难题。但每一次，茅台人都以创造力逢山开路、遇水架桥，将其一一解决。

建厂初期，为了解决因酒师操作手法不同而产生的生产质量问题，茅台人探索了许多方法。过去口口相传的酿酒技艺，经过整理形成文字，为质量稳定奠定了重要基础。

此后，富有创造力的茅台人，为了提升酒的质量，一步步探索出更多的理论成果。比如，《茅台酒十四项操作要点》被总结出来，茅台酒的工艺特点得以理论化。自此，茅台酒的质量得以保持稳定。

产量破万吨也是茅台跨越的一大挑战。1958年，破万吨想法被首次提出。此时，茅台酒的产量只有几百吨，距离万吨尚有很远的路要走。在之后的45年时间里,茅台通过工艺研究、易地实验、技改等方法,希望达到产能目标。比如,20世纪80年代的800吨扩建工程,在既要继承茅台酒的传统工艺,又要确保投产质量的要求下,茅台人最终克服困难,完成了这一工程,使生产产能达到了2 000吨。

与此同时,茅台人通过自主研发行车,大大减轻了工人的劳动量,提高了生产效率。各类先进的检测仪器的引入,则为茅台质量保驾护航。通过不断尝试和创造,茅台于2003年终于突破万吨,完成了一代人的夙愿。

在面对发展危机时,茅台也充分发挥创造力,降低风险、渡过难关。不管是1997年的亚洲金融危机,还是2012年受到政策调整的影响,茅台都能快速反应,通过营销创新、管理创新等方式转危为机。随着一个又一个问题的解决,茅台攀登上一个又一个高峰,不断开创新的发展图景。

茅台为美好而创造。酿造好酒、美酒本就是茅台的使命,是每个茅台人的奋斗目标。如今,茅台酒已是好酒的代名词。为满足消费者对美酒的需求,茅台还开发出"一曲三茅四酱"酱香系列酒,让更多人喝上好酒。在美酒的基础上,茅台致力于创造美好的生活方式。从粮食到美酒,品质贯穿茅台酒酿造过程的始终。举杯之间,人们不仅是在品尝美酒,更是在享受高品质生活。

在消费升级的浪潮之下,追求高品质生活已经成为时代的选择。在白酒行业,茅台坚持走高质量发展之路。茅台不仅自己酿好酒、做好企业，而且还影响着行业发展。尤其在竞合发展理念提出后，茅台更是以身作则，推动白酒行业健康可持续发展。同时，在茅台的引领下，酱香酒行业得到大发展，各企业享受到酱酒热的红利。

茅台还将美好的创造延伸到更广的范围。从产业扶贫到修路搭桥，从教育到医疗，茅台积极承担社会责任，书写大企业的大担当，让更多地区、更多人通过创造力获得幸福。

今天，茅台站在了新起点、新阶段。如何持续引领未来，保持自身竞争优势，是茅台不得不思考与探讨的话题。现在，茅台提出的"五线发展道路"中，白线强调的便是"以科技增能、数字赋能"。茅台强调，不管过去取得多少辉煌成就，都要保持归零心态，抓好创新和改革，在白纸上做出新文章。

基于此，我们追根溯源，探析茅台创造力这一核心主题。

本书分为五大章节，分别从五个维度阐释与创造力有关的话题。

第一章，从茅台创造力出发，探寻其独特的魅力特征。首先，茅台清楚地知道创造的方向是什么。其次，受工艺特性的影响，茅台创造力显示出传承式创新的特点。另外，在企业发展过程中，茅台坚持围绕工艺、质量、管理、经营等各方面的创造，具有持续创新的特征。最后，茅台在持续创新中，取得了突破性的创造成果，在工艺、品牌、文化建设等方面开创了新天地。

第二章，溯源茅台创造力从何而来。文化、工艺、战略、人这四个因素共同支撑着茅台迸发出源源不断的创造力。从历史的角度来看,文化是茅台创造力的基因,赋予茅台创造的动力;工艺则是原点,茅台的创造从工艺起步,以工艺为中心。从发展的角度来看,企业战略则为茅台的创造提供了指引,使其有了明确的方向;茅台人在发展战略的引领下,成为创造活动的主体,亦是创造的核心。

第三章,对茅台工艺、市场、营销、文化、科技五大方面进行图景式概括,回答茅台创造了什么。打开茅台绘就的画卷,这五大图景就会映入眼帘,从中可以看到茅台创造力的具体体现。

第四章,作为行业领先者,茅台肩负探索无人区的重任。这意味着,企业需要面对更多的风险和不确定性。若要达到发展目标,茅台必须进行创造性的活动。本章阐述茅台在生态环境、技术变革、市场发展、产业进步、管理升级等方面面临的挑战,探讨茅台面对无人区的态度和行动。

第五章,阐释在通向未来的道路上,茅台如何创造。从"智慧茅台"建设,到走生态、循环、绿色的发展道路,茅台在通向未来的路上,从未停下步伐。

未来已来,茅台正以乘风破浪之势继续前行。面对不确定性,我们期待茅台依旧拥有无限的创造力,走出自己的高质量发展道路。

新起点、新阶段,正是扬帆起航时。

目　录

01 独特的茅台创造

- 变与不变　003
- 传承式创新　011
- 持续创造　023
- 突破性创造　042

02 溯源创造力

- 文化之源　057
- 工艺：创造的基底　072
- 战略：引领的力量　081
- 人是创造的核心　097

03 五大创造图景

- 工艺的演进与独创　115

- 酿好酒更要卖好酒　129
- 把质量刻入基因　151
- 讲好茅台故事　176
- 科技赋能酿酒　191

04 无人区的开创者

- 环境：关乎酒质的大范围变量　209
- 科技：人会被替代吗　222
- 系统：失衡中的动态平衡　237

05 通向未来

- 茅台的底气　251
- 朝智慧靠近　255
- 更生态，更绿色　264
- 探索无止境　273

后记　从茅台创造力到中国创造力　277

01
独特的
茅台创造

从西南一隅走向全球舞台,从一家小酒厂成长为傲立世界潮头的中国企业,茅台走过了漫长的岁月。其中,源源不断的创造力,是促使茅台走上一个又一个台阶的重要力量。

传承与创新、渐进与突破、变与不变,茅台身上有种种看似矛盾的两面,却又恰到好处地达到了某种平衡。不管时代如何发展,茅台总能稳扎稳打,顺势而上,创造出独属于自己的成长天地。

渐进、创新

传承

变与不变

不同的地理环境，孕育出不同的风土人情、地域特色。在茅台镇，天然适宜的酿造环境，造就了以酒为核心的经济体。这一经济体随着酒香蔓延而不断拓展，并构筑起一种特殊的平衡，支撑着小镇从穷乡僻壤蜕变为繁华之地。

这种平衡延续到了一杯酒身上。观察茅台酒，其中蕴藏着中国人独特的平衡哲学。新与旧、传承与创新、变与不变……一切看似矛盾的双方，正如太极八卦，形成了一种相得益彰的秩序感。

变与不变，是茅台身上一个非常显著的印记。探析茅台多年持续发展的关键，我们发现在每一个历史发展节点上，茅台都能够紧跟时代发展潮流，与时俱进地做出正确的决策。从这一角度而言，变化对于茅台是一种常态。但同时，不变又是一种坚守。作为一家根植于传统农业智慧的民族企业，茅台酒传统酿造工艺，是中华农耕文明的优秀智慧结晶。长期以来，坚

持传统工艺不变，坚持茅台酒风味不变等，是茅台从过去走到现在，并实现持续发展的最为核心的力量。

纵观白酒行业，其发展本就是在传承中创新，又在创新中不断积淀传承，呈现螺旋式上升态势。传承和创新的目的，都在于品质二字。总体来说，不变是为了传承，变是为了支撑和巩固传承。

在茅台，变化的是现代科技，不变的是传统工艺。

1951年之前，茅台镇三家主要酿酒作坊的全部家当，只有5个酒灶、41个酒窖。没有机械设备，没有电，没有自来水，一年不过出产六七十吨茅台酒。[一]

在酿酒的脉络图上，手工劳作在较长一段时间内都是最为明显的特质。在许多"茅二代""茅三代"的记忆中，不乏老一辈讲述当年人工背糟的艰辛细节——窖坑又深又黑，摔跤是常事。季克良在《我与茅台五十年》中也提到，那时候，窖期里还要下乡背粮食，还要踩曲子，还要去包装。生产时间里曲子自己拉，红粮自己背，工用具自己领，维修自己干，酒自己交，窖泥自己挖、自己运，火自己发，茅草自己拔，所有的一切都是自己动手！[二]

[一] 陈孟强. 酱香之魂：历久弥香酒更浓（第一部）[M]. 北京：中国商业出版社，2020.

[二] 季克良等. 我与茅台五十年[M]. 贵阳：贵州人民出版社，2017.

20世纪90年代前,茅台酒酒糟仍用人工从窖坑中背出

技术变革为茅台带来了巨大变化。如今在包装车间,机械手臂可以在设定的1小时内完成7 500瓶茅台酒的下线摆酒,极大程度地降低了员工的劳动强度,实现了减员增效。

不过,时至今日,在核心生产环节,茅台仍旧遵循传统酿造工艺。顺应自然交替的天时,巧妙结合四季万物之长,以高粱、小麦、水为原料,经过两次投料、九次蒸煮、八次发酵、七次取酒,最终历时五年,方成美酒。质朴的茅台人在坚守与创新中,把道法自然的酿造哲学展现得淋漓尽致。

在茅台,变化的是创新思维,不变的是质量坚守。

创新思变是工艺坚守的必经之路。正如茅台酒,看似密封

于陶坛，静默而淡定，实则内在时刻发生变化。在不断传承传统工艺的路上，巧思的茅台人始终在琢磨如何守护这一瓶好酒。

20世纪80年代末，厂内一位工农兵大学出身的员工，根据制酒车间的特殊生产环境，研发了行车。从此，人工背糟终于告一段落。但创新尝试并非一帆风顺。1967年，茅台酒厂第一台自制制曲机组试制成功投产，但因酒的风味悄然发生改变，这一尝试很快被终止。在这个需要大量劳动力的环节，茅台人始终探索在保持酒的风味不变的基础上如何减轻人的劳动强度。20世纪80年代，茅台开始了第二次机器制曲，结果仍旧以失败告终。2010年，茅台再次研究机械制曲，推出第三代制曲机，同样因曲块质量与人工存在差异而未被推广。

创新思维始终在茅台涌动，但一切的改变都以质量不变为前提。这是茅台人的底线，也是延续茅台几代人的信仰。

在茅台，变化的是管理办法，不变的是茅台人。

从西南一家山沟里的手工作坊，到成长为一家营收破千亿、市值破万亿的企业，茅台在贵州工业版图甚至是国家酿酒工业发展史上，都具有举足轻重的地位。在此过程中，茅台的管理不断发生着变化。

从出台最简单的规章制度，到引进世界一流的管理方法，茅台一直走在中国酒企发展的前列。20世纪50年代到70年代，茅台不断磨炼自身，加强公司的规范化、标准化管理。20世纪

80年代，茅台便开始引进世界先进的管理方法，如推广全面质量管理方法、群众性的质量管理活动（TQC）。20世纪90年代，茅台从美国、日本等引进了具有国际先进水平的质谱、色谱检测仪器。同时，茅台还启动ISO 9000系列国际标准的达标认证工作，并于1993年通过了产品和质量保证体系认证。2015年至2020年，茅台在构建全产业链质量安全体系的过程中，大量借鉴先进标准，如日本的肯定列表等。

在茅台不断成长的过程中，茅台人始终如一地坚守着"操作在我手中，质量在我心中"的理念。在茅台70余年的发展历程中，一代又一代茅台人，守着这一份初心，于河谷不断耕耘，酿造出一瓶又一瓶味道不变的好酒。

在茅台，变化的是保护办法，不变的是对环境的关注。

茅台酒与当地的地理环境、微生物菌种群落、气候等生态环境关系紧密。在持续十年的易地实验中，即便将工艺、设备、人，甚至曲药、泥土都从茅台运到113公里外的遵义市郊，最终酿出的酒仍然与茅台酒有极大差距。离开茅台镇，就酿不出茅台酒，这一客观现实让茅台高度重视保护生态环境。

早在1995年，为推动赤水河水资源保护区建立，茅台率先进入国家水系统防污染管理网。㊀从2014年开始，茅台连续10年每年出资5 000万元，用于支持赤水河流域水污染防治和生态

㊀ 李勋.贵州茅台："硬核"环保彰显国企责任担当［N］.法制生活报，2020-08-19(06).

环境保护。

在这个承载4万多人生存的企业内部，上至高层，下至一线工人，环保意识深入人心。几乎人人都知道夏季河谷的热浪是为酿造而生，滚滚赤水河更是为酿造而来。而看不见摸不着的微生物，则是生产好酒的重要参与者。正是如此，在探讨颠覆茅台的可能性因素中，许多人都认为环境问题将占据极大的比例。由此，多年来持续关注环境、保护环境，是茅台人不变的坚持。

在茅台，变化的是代际传承，不变的是精神与责任。

企业与人是共生共存、相互成长的关系。茅台70余年，能从一穷二白的小酒厂发展为实力强劲的世界知名大企业，是无数茅台人接力奋进的结果。企业不断发展，人也在不断更替流动。当老一辈茅台人卸下肩上的重担，将传承的接力棒交由下一代时，精神与责任亦得以传递。

今天，走在茅台内部任何一个角落，追求质量、以质求存的精神与责任，都是茅台人共同的信念。在代际传承过程中，茅台人的文化理念与精神担当没有因时间流转而改变，反而不断凝结成为最宝贵的精神财富，指引着一代又一代茅台人前行。

在茅台，变化的是认知，不变的是时间。

制曲、上甑、勾兑，日复一日的劳作已持续了千百年。从这一角度而言，茅台的时间似乎是静止的。但随着时间凝结的经验,却被汲取到一代又一代茅台人身上。漫长岁月里,人们的工作看似不断重复,但正是在此过程中,技艺得到锤炼,工匠精神得到传承,认知在重复的过程中得到提升。尤其在重复上百次上千次之后,新人的技艺得到质的飞跃,他们也渐渐领悟了前辈的用意。在那些无法用现代机械设备替代的核心工艺环节,时间成为手艺"发酵"的不二法门,而认知的提升则是在万千次重复中而来。

在茅台,工人们沿袭着日常工艺流程而劳作,似乎每日并无差别。从这一角度而言,时间几乎从未改变。但是,在多变量的复杂酿造环境中,温度、湿度,甚至是同一个车间的通风情况有些微变化,都会引发工人对工艺的思考与复盘。于是,认知又在日复一日中不断提升。因为茅台人知道,在酿酒这一关,永远无法用一套方法论走天下。正如发酵的堆子每天的状态都不一样,工人的思维只有时刻跟上变化才能保证产质量。

多年来,变与不变,是茅台茁壮生长的养分,也构建了茅台持续发展的平衡体系。正如新酒与老酒的碰撞,成就了茅台独特的风味。从更大层面来说,创新和传承也碰撞出了独属于茅台的企业气质。

时代不断发展,河谷之外的世界也日新月异。茅台处江湖之远,却不与世隔绝。走出西南群山,走上国际舞台,茅台在全球市场上产生的影响愈加深远。透过表象看本质,其自成一派的平衡背后,体现的正是茅台自身在与时俱进的过程中,坚

守传统工艺,坚持以质求存的价值观。

最朴素的坚守,往往具有最强大的力量。从这一角度而言,以品质不变、传承不变、匠心不变,应时代万变,就是极具茅台特色的最大创造。

传承式创新

传承农耕文明

中国白酒酿造起源于传统农耕文明,与中国农业地域分布特征紧密相关。正如在中国传统生存之道中,靠山吃山、靠海吃海是不变的哲学。在茅台,特殊的河谷地理环境与湿热的气候条件,造就了得天独厚的酿造环境。在农耕文明中不断成长起来的茅台人,懂得如何利用脚下的土地,既顺应自然又因地制宜地获取生存智慧。由此,酒香自河谷蔓延,香飘四溢。

今天,农耕文明在茅台酒的酿造过程中仍可见一斑。堆曲时的横三竖三,来源于夏商时期的码砖原理。这种堆砌原理既能保障安全稳固,又能营造透气环境,便于发酵。古老智慧并未在时间长河中戛然而止,而是以另一种方式继续存在。这或许是中国式创造最为本真的体现。

季克良曾用中国白酒工艺的"活化石"形容茅台酒的酿造

工艺。无论端午制曲,还是重阳下沙,茅台身上无不体现着传承的痕迹、文明的延续。茅台当地的酿酒历史十分悠久,仁怀地区出土的很多文物都证明了这一点。时至今日,酒成为跨越时间的载体,连接了过去与现在。

因地制宜,是农耕文明的一大特征。就酿酒原料而言,因自然条件与适宜种植的农作物不同,各地存在差异。比如,广西地处亚热带季风气候区,温差小、气候湿润、热量充足,适宜种植水稻,生活在这里的人们多用大米作为主要酿酒原料,如著名的桂林三花酒。又如,湖南省永州市宁远县境内多山地、丘陵,气候温暖、季节分明,有种植红薯的悠久历史,当地农家经常用红薯酿酒,有"宁远红薯酒,农民家家有"的说法。茅台的因地制宜,在于其地处中亚热带湿润季风区,夏季炎热少雨、光照充足,适宜种植高粱。

今天,随着科技的进步和经营方式的变革,高粱酿酒的方式出现了许多变化。比如,将用来酿酒的原料——高粱用机器打磨成粉状,再进行润粮、蒸粮等后续操作,最终产出的碎沙酒虽然入口柔顺,但酱香味不浓且后味短。然而,茅台的选择仍然遵循着古老的智慧。

古代生产水平低下,因此工艺无法做到精细化。加之缺乏人力、物力等,高粱的破碎程度常常较小。基于这一特性,粮食可以经过多次发酵蒸馏。同时,这也意味着生产周期长、成本高、效率低、出酒率低。但是,酒的香气香味物质多且协调,酒体幽雅醇厚。茅台正是采用这种酿造方式,延续着农耕文明，保持着酒的风味。

此外，农耕文明的重要表现为男耕女织，以家庭为生产单位，农业与手工业相结合。虽然千百年过去了，但在工业如此发达的今天，这一特征仍旧存在。比如，日本有传承百年的老店，其延续方式便是家庭式。在茅台30个生产车间里，"家庭"的概念仍旧存在。

在茅台，本地人居多，地缘文化是企业独特的竞争力。数据显示，截至2020年年底，茅台集团双职工家庭超过6 000户。这意味着4万多名员工中，有1万多人处于家庭的网络关系中。茅台之于很多茅台员工，不只是简单的工作单位，还是家庭获取幸福的途径、奋斗的平台。因此，爱厂与爱家的概念画等号，是茅台人的普遍意识。

很难想象，在西南一隅，在闭塞的交通状况下，能够发展出茅台这样的企业。其以亲缘、地缘关系为纽带的企业特性，正是沿袭了古代农业社会的基本结构，并传承至今。过去，用于称呼经销商的"茅二代""茅三代"的名号，更多地用在了茅台人身上。年轻的茅台人接过传承的火炬，如上一辈一般继续扎根于此，奉献一生。如此往复，生生不息，描绘出茅台自1951年建厂以来的70余年时光里一代又一代茅台人奋进的身影。

20世纪80年代，茅台的本地人比例超过90%。其构成分为三部分：第一，农转非，酒厂扩建占用农户土地时会向农户提供在酒厂工作的机会；第二，职工子女就业；第三，社会招

聘人才。2020年，这一比例降至70%左右，多元化的人才进入茅台，为其注入无尽的活力。同时，文化带来的认同感和归属感，让人们的沟通交流变得尤为和谐。基于此，二者达到了一种平衡，并形成一种共识——茅台是茅台人的茅台。

正如农耕文明不仅为人们带来稳定的生活与财富，还为衍生出高雅的精神文化创造了基础，在茅台，农耕文明的延续同样被看作是创造的基底。与其他行业的颠覆式创新有所不同，茅台的创造深深契合中国人的秉性——沉稳且有力。一棵蓬勃生长的大树，其树根永远朝下吸取营养，正如茅台酿造工艺对传统农耕文明的吸收与发扬。

传承，是印刻在企业成长脉络中的底色，也是茅台持续发展的动力。

坚守工匠精神

未来学家阿尔文·托夫勒将人类科学技术的每一次巨大飞跃称作一次浪潮。第一次浪潮是农业革命，第二次浪潮是工业革命，而眼下，正在经历托夫勒笔下的第三次浪潮——信息革命。然而，不论农耕时代、工业时代、还是信息时代，工匠精神永不过时。

尤其对中国而言，因为两次错失工业革命机遇，我们一度与发展主流失之交臂。弘扬工匠精神，是实现中国制造不断向高端转型，助力中国从制造业大国迈向制造业强国的时代需要。

实际上，中国古代手工业文明曾领先世界，工匠精神更是中华民族工匠技艺世代传承的价值理念。中国的工艺品、纺织品、造船业、冶炼业等，都曾长期居于世界领先水平。并且，许多行业都有具体划分、精细化分工，并产生出相应的职业以及相应的传承体系。

就中国工业的细分领域而言，白酒酿造极具特殊性。聚焦于茅台身上，这种特殊性表现为，茅台是农耕文明与工业文明结合的产物——既有农耕文明的师带徒式传承的特征，又有工业文明的工厂式特质。在看似矛盾的两端，茅台保持住了平衡。而茅台的发展历史证明，工匠精神是保持企业文化内涵与品质的内在动力。基于此，我们可以看到工匠精神在茅台身上的极致体现。

茅台酒酿造工艺繁复，包括30道工序、165个工艺环节。以制曲为例，先将小麦磨碎，按照一定比例拌母曲，之后历经踩曲、入仓高温发酵40天、6个月贮藏，再与红缨子高粱结合，才能酿造茅台酒。其中无一不体现着工匠的力量。

清晨6点，茅台踩曲工人已经开始作业。工人们快速在一堆搅拌好的曲料上来回踩动，富有节奏和韵律感。随后，一个中间高、四周略低，松紧适宜的龟背形曲块就诞生了。1988年便进入茅台工作，如今已是茅台首席（制曲）酿造师、全国劳模的任金素提道："踩曲，一是要踩成龟背形，二是要四边紧。

曲块要紧致饱满，如果过紧，对曲的发酵不好，它透不了气。如果松了，它就会烧穿。"唯有保持龟背形状，才能形成一种多样的微生物生态，满足未来发酵过程中微生物生长的需要。

任金素非常清楚不同轮次中制曲的变化与差异。比如，秋冬制曲，需要适量增加母曲的用量；夏季制曲，曲坯摊晾时间则要相应缩短。

制曲并不简单。在看似平凡的踩曲步伐背后，隐藏着每个环节工人们的思索与用心。每个轮次开始前，制曲车间技术委员会会针对母曲用量、曲料水分、稻草用量等工艺参数进行研讨，并确定参数范围。

踩曲环节亦有讲究。不同的性别、不同的体重都会影响曲块的质量。但是，不论男女，最终的标准要达到一致。任金素提到，刚开始踩曲，脚底基本都要起泡。因为一天四五个小时，机器不停，人也不敢停。工人们怀有最质朴的想法——踩好每一块曲，做好这一件事，就是自己最大的使命。

今天，日本工匠精神在世界范围内产生了广泛的影响。一生择一事、干一行爱一行的敬业精神，几乎成为日本的一大标签。纵观全球百年企业最多的国家，日本、美国、德国与英国都榜上有名。中国百年企业数量并不多。因缺乏传承，许多极具历史底蕴的老手艺最终淹没在历史的洪荒之中。

茅台始终在传播这样一种价值观念——在茅台，人人都是工匠。这一理念始终体现在每一个酿酒人的身上、心中。正是如此，越来越多的年轻人愿意来到一线，传承工匠精神。

1975年调入茅台酒厂的老茅台人王时雍对工匠有着极致的理解，他提道："传统工艺要传承，并且要完整地传承，如果一代偏一点，几代下来就危险了，最后就找不到哪一个才是工艺关键要点。我家是制纸的，我的父辈都会，但我们这一辈就失传了。假如我们这个茅台酒传统工艺，一年偏一点，偏下去，偏多了，咋个办？你叫传承，这一代传承下去，谁来传承？中间环节都丢了，又来传承什么？所以老祖宗的东西不能丢，应该要保持。"

工匠精神本质上蕴含着中国传统文化中孔子所提的"执事敬""事思敬"的含义。从有37年酿造经验的茅台首席（制酒）酿造师彭朝身上，可以清晰地看到工匠的力量。

"一捏酒醅，就知道大概能出多少公斤的酒。"彭朝在接受"茅台时空"采访时曾提到，几十年来，他投入时间最多的就是练手感。练到什么程度呢？手一捏、耳一听，就知道酒糟大概有多少水分。因为每个轮次的水分、响声都不一样，但刚入行两三年时间，很难找到感觉。因此，当学徒时，彭朝一天至少要练习100多次。一个轮次下来，有1 000多次。一年下来，就有1万多次。

彭朝说，一个捏堆子的动作，他就练习了十多年。堆子刚发好，他就去揉捏评估，记录感受、水分以及预估的产量。之后进行数据对比，检验自己的预估是否准确。在日复一日的观

察总结与数据对比中,找到"感觉"。如今,酒醅堆积发酵时的水分情况、糊化程度以及蕴含香味,彭朝通过"望闻嗅捏"便能了然于心。

看花摘酒的技艺,同样如此。酒花是刚烤出的基酒流淌出来时所激起的泡沫。其大小、形态、密集程度,都是判断基酒酒精度的重要标准。这是掌握酒精浓度的传统手艺,仍旧在茅台得以延续。经验丰富的酒师,通过观看酒花便能知道摘酒的度数是否合适。

时间给予酿造以魅力。

在千万次重复和摸索中,工艺得以传承。而当新一代茅台人进入赤水河谷,大国工匠的故事将继续上演。

循天时　守道法

从古至今,农事活动都讲究顺应天时。人们遵循着自然道法,日出而作,日落而息。人们顺应着天时地利,春种、秋收、夏耘、冬藏。四季交替中,隐藏着一套严密的历法,指引着人们生产生活。

今天,农耕文明似乎已离我们远去,但是其背后蕴含的智慧却早已融入中国人的基因之中。其中,酿酒作为依附于农业而发展的行业,其酿造规律更是天然地与天时呼应。

正是如此，茅台酒酿造工艺讲究顺天敬人。这是传统农耕文明的延续，也是顺应自然规律的体现。

所谓顺天，是指茅台酒的酿造环节与四时对照，具有季节性生产的特质。端午制曲、重阳下沙皆是如此。端午时节制曲，基于当地冬小麦成熟季节正是四五月份的规律。因此，粮食收成之际，便是制曲之时。

其中，制曲分为小麦磨碎、拌曲配料、踩制曲块、入仓堆积、仓内发酵、折曲、贮存、磨曲8道工序，35个工艺环节。如今，由于生产规模扩大，制曲的生产周期贯穿全年。不过，端午时节仍是制曲的黄金时期。这一时期，温度较高、雨水较多，空气中的微生物种类与数量不仅多，还异常活跃，这为小麦的发酵创造了非常有利的自然条件。

为了保持其他时节制曲质量与端午一致，冬天踩曲时，工人们会对原料破碎率、母曲量以及摊晾时间等数据，进行相应调整。这些适当改变之中，隐藏着人们对规律的把握与利用，亦是顺应天时的一种体现。

实际上，按照传统生产规律，端午的小麦制作成曲块之后，需要贮藏大约半年。贮藏完以后，恰是重阳前后，正是赤水河清澈之际，正好满足下沙用水所需。这便达成了生产环节的完美契合。

其中，润粮是下沙的第一步。以热水浇泼，边泼水边翻粮，使得粮食润发到位。这一环节需要的水粮比大约为52%，

而重阳回归清澈的赤水河，恰到好处地满足了投料、烤酒、取酒等大量的用水需求。

茅台酒酿造工艺中的两次投料，同样与自然生产规律密切相关。茅台酒酿造所需要的红缨子糯高粱来自仁怀本地。而仁怀地处贵州省西北部，位于大娄山脉西段北侧，属云贵高原向四川盆地过渡的典型山地地带。仁怀地形地貌复杂，土壤类型多样，气候、土壤、植被等垂直差异较大，属于典型的"立体农业"市。

这就意味着红缨子高粱的成熟时间有一定的差异。于是，400米低海拔的山坡地区的高粱先成熟，就先投料。而2 000米高海拔的山地地区的高粱后成熟，便后投料。这样就能保证高粱的成熟度一样，口感的相似度也一致。两次投料之后，粮食没有了，就不再继续。这就是这一工序产生的缘由。

天有时，地有气，材有美，工有巧。千百年来的发展历史，赋予了中国传统手工业产品独特的人文内涵和工匠智慧。而茅台作为其中的典型代表，在一代又一代茅台人的继承发扬中，始终如一遵守天时地利。

茅台人相信，自然规律如天定的设计，指引着茅台酒的生产工艺。一年一个生产周期，经过两次投料、七次取酒，将四季的温度变化与原料有机结合，通过自然发酵得到不同风格特征的基酒，最后经过勾兑使每一瓶酒的风味达到一致……这一连串的流程，无不体现着茅台人对规律与自然的遵循。

具体而言，九次蒸煮也是因地制宜、承接地利的结果。因本地红缨子糯高粱耐蒸煮，加之过去生产水平低下，无法将高粱全部磨碎。因此，高粱可以历经九次蒸煮。这是古代劳动人民发现粮食自身特质后制定的酿造工艺，并沿用至今。

九次蒸煮，却只有七次取酒，其中亦有讲究。这是因为茅台酒酿造中的下造沙环节不取酒。其缘由与《逸周书》上提到的"春三月，山林不登斧斤，以成草木之长"含义相近。这句话意思是说，三月正是草木复苏、万物生长之际，要把时间留给山林繁育生长。

下造沙的主要目的，则是为了淀粉糊化、堆积发酵。简言之，这两次蒸煮不取酒，是为后面七次能够多取酒、取好酒。这其中蕴含的是中国古老的生态文明观。

在现代化工业大生产的今天，农耕文明的足迹仍旧得以体现。其中，顺应自然规律，按照天时、地利、节令生产，依旧体现在茅台酒的酿造过程中。如古人对自然抱有敬畏之心一般，在某种程度上，茅台人也如虔诚的朝拜者，遵循着老一辈留下的宝贵经验。但同时，茅台人又懂得不失时宜地继续探索、与时俱进。

河谷之中，淳朴的茅台人相信，顺遂自然、崇本守道，便是遵守科学的酿造规律。古人的智慧早已经过时间的检验，历经岁月的洗礼，最终凝结成了今人恪守的科学法则。本质上，这就是一个取其精华、去其糟粕的过程。唯有历经岁月考量的

经验，才能在一定程度上称之为真理。

　　尊重传统，尊重自然，已经内化为茅台人的基因。正如端午祭麦，作为一个极具代表性的文化符号，彰显着茅台人对天地、自然的敬畏之心，以及坚守工艺的赤诚之心。

持续创造

工艺：螺旋式上升

在全球范围内，长寿且具有深厚历史底蕴的品牌，常常既注重发展前沿科研能力，又注重自身的工艺传承。茅台也不例外。不过，作为白酒企业，尤其身处工艺最为复杂的酱香酒领域，茅台具有自身的特殊性。

传承是茅台的主体基调，但有关工艺的探索却从未停止。茅台人知道，这是一个渐进的过程，围绕传承这一核心，他们必须谨慎地尝试与摸索。

20世50年代初期，茅台酒厂的生产条件非常艰苦。工人多数半工半农，厂区内间插农田菜地，鸡鸭牛羊东跑西窜。酿酒全部依赖人工操作。每当到了收运红缨子高粱、小麦的季节，工人们便要到数十里甚至近百里远的地方背运。生产用粮、煤等全部依靠工人肩挑背驮。

当时，厂区没有电，没有生产供水系统，工人们凌晨四点便要下河挑水烤酒，每天工作时间超过12小时。1957年进入茅台酒厂工作的老酒师王映发提道："那时的生产用水一部分是从工厂后边山上的几处山泉水引流来的，用竹竿一节一节连上。"引山泉水解决了三个灶的冷却用水，减少了下河挑水的劳动量。

茅台酒厂建立初期生产场景，酿酒设备为木甑、天锅

1954年，因生产设备简陋，窖底浸水，影响到酒质，引起有关领导部门重视。在此背景下，茅台酒厂购进一台25千瓦的发电机、一台45马力的煤气机和一台小麦粉碎机，解决了照明、抽水和原料加工的问题。[一]这也意味着，酒厂结束了用竹筒

[一] 中国贵州茅台酒厂有限责任公司.中国贵州茅台酒厂有限责任公司志[M].北京：方志出版社，2011.

接水、靠人工从河里挑水以及用桐油灯照明的历史。

基于生产条件的改进，人们对工艺的探索亦在加强，然而并非所有的尝试都是正确的。1954年，酒厂响应国家号召，开展以增产节约为中心的社会主义劳动竞赛运动，厂部提出了"沙子磨细点，一年四季都产酒"的口号。彼时，担任酒师的郑义兴认为，这一提法违背了茅台酒的酿造工艺。虽然他极力反对，但并未引起重视。

1955年11月，全国第一届酿酒会议因与会人员不够专业及方法不够科学，将高粱酒与地瓜酒评在了贵州茅台酒等名酒之前。时任茅台酒厂长张兴忠认为，这是茅台酒的最大耻辱。

于是，茅台酒厂围绕影响产质量的因素，如香味、酒精浓度进行了劳动竞赛。一年间，酒厂采用了工人们提出的合理化建议22项。其中，1951年进入茅台酒厂的王绍彬与时年77岁的老酒师郑应才提出了茅台酒在窖内培养香味的建议。

这一建议不断被丰富，后来被总结为"以酒养糟"。所谓"以酒养糟"，指在制酒生产时，除了投料、润粮加水，全年不再加水。下窖时在窖底、窖壁、酒醅内和做窖底、窖面时喷洒尾酒，用以调节酒醅的水分。这一工艺为茅台酒产质量的提升带来了显著的效果，并一直沿用至今。

时任酿酒工人的李兴发，在此期间提出了热（暑）季参照窖内温度开窖的建议。这一建议改变了夏季酿酒产量必然下降的现象，保障了生产的稳定。

1957年，国家向茅台酒厂投资130万元，用以进行制酒、制曲等方面的改造和建设。正是在这一年，茅台酒厂的生产车间第一次用上了独轮手推车，还第一次购进电风扇两台，用于糟醅摊晾降温。生产条件再一次得到了改善。

中华人民共和国成立之初，中国酒企很少，酿酒行业的技术水平有限。公私合营之后，茅台才走上转型之路——从小作坊变成工业化企业，肩负起振兴中国经济、引领中国白酒行业发展的重任。也因此，从中央到地方，都十分关注茅台酒的生产。

特别是1953年到1957年，国家先后投入149.7万元来改建茅台厂房、改善生产设备和生产条件。竹筒引水、桐油灯照明等较原始的生产方式慢慢消失，取而代之的是制曲、制酒、化验室等工业设施不断扩充完善。茅台逐渐走上现代化之路。

茅台酒厂初建时的工业化改革，给茅台创造了众多发展资源，为传统酿酒生产带来革命性发展变化，也为茅台酒酿造工艺的传承创造了更好的条件。

20世纪80年代末，行车的成功研发，为车间带去了新的活力。原首席酿造（制酒）师、现已返聘为终身名誉酿造大师的严钢记得，1985年进厂上班时，茅台只有三个车间，总计二十几个班，年产不到2 000吨。"当时生产条件非常简陋，没有现在明亮的生产房。我们一天的工作量很大，肩上背的、手上传的，每天可能一两万斤。"

不久之后，公司员工自主研发了行车。老酒师王时雍提道："虽然初研发的行车性能不稳定，经常维修，但工人们很高兴，很满意，因为不用人工背糟了。"之后，行车逐步推广至全车间，成为茅台工艺改良之路上的典型代表。

时代不断发展，工艺的改良仍在继续。在坚持核心工艺不动摇的基础上，茅台人始终开放包容地向世界学习。他们清楚，唯有与时俱进，才能真正传承。

科技：从无到有

白酒，尤其是茅台酒的酿造工艺，虽是传统经验的总结，却蕴含着科学原理，并且仍有很多未解之谜。一直以来，茅台人想通过科技手段了解茅台酒传统工艺的规律。什么是"轻、松、薄、匀、平、准"，什么是快速降温？为什么堆积发酵过程中，老师傅伸手一抓，就知道"火候"已到？

经验探究的背后，是一条持续的科技创新创造之路。不管是对酒的风味物质的研究，还是对白酒陈贮老熟的研究，无不推动着茅台酿酒技术的传承与创新，为行业技术升级及传统产业技术改造奠定了坚实的基础。

追溯历史脉络，茅台的科技之路始于建厂初期。当时，因三家烧房酒师各持己见，工艺有所差异，导致茅台酒质量有所下滑。

茅台创造力

1956年8月，为保证茅台酒质量稳定，贵州省工业厅指示茅台酒厂成立化验室，并拨款6 700元购置了一些基本的实验仪器和实验用品。当时，化验室工作人员仅有练习生3人，都只有初中文化水平，所以尚不能开展化验工作。但是，科学研究的风，就此吹进了茅台。

同年10月，贵州省工业厅、省工业技术研究所组成"恢复名酒质量工作组"进驻茅台酒厂，开展"积极恢复原有工艺操作，以提高质量为中心"的先进生产者运动。时任轻工业部食品局局长的杜子端率领工作组，开始分两阶段㊀对茅台酒的生产进行科学研究。

在工作组技术人员的培训下，茅台化验室成员学会了对原料、半成品、成品的成分进行测定，并对水分进行初步分析等。科研开始在恢复传统工艺中发挥作用，人们从杯酒之中渐渐看到了一个此前从未看见过的世界。

在持续渐进的科学研究中，1960年，贵州茅台酒总结工作组对茅台酒厂前期生产过程中的问题进行归纳总结，创作出《贵州茅台酒整理总结报告》，为提高茅台酒质量奠定了基础。这一时期，茅台酒厂开始成立包含化验室在内的研究室，以便对全厂产品进行科学分析和研究。

茅台还对酿酒产出的酒糟进行过研究。过去，人们常常简

㊀ 第一阶段为1956年10月至1957年1月，历时82天。第二阶段为1957年2月至6月，历时5个月。

单粗暴地把酒糟做成肥料或饲料。等到了丢糟时节，茅台镇便被酒糟味笼罩。见此，茅台科研人员开始不断思索：除了做成肥料、饲料，酒糟还能用来做什么？经过对酒糟进行实验，科研人员发现，丢弃的酒糟中含有高达13%左右的淀粉含量，且富含香气、风味物质，是酿酒的好原料，于是有了酒糟"吃干榨净"的结局。

1956年成立的茅台酒厂化验室，仅有3名初中生

茅台的科技进阶，很大程度上源于国家对茅台酒质量的重视。1959年至1961年，正值中国三年困难时期，茅台酒的产质量大幅下滑。1963年的第二届评酒会上，茅台未能排名第一。后来，在国家和地方有关领导及部门的支持下，1964年，茅台酒历史上重要的两期试点工作就此拉开了帷幕，并将茅台酒的科学研究推向了更高的维度。

在这个过程中，一位名叫周恒刚的工程师与茅台酒结下了不解之缘。从哈尔滨工业大学应用化学系毕业的周恒刚，曾在私人酒厂当过技师，后又到抚顺酒厂与烤酒师傅们一起工作在一线。从原料到烤酒等各个生产环节，周恒刚都非常熟悉。是

年秋季，周恒刚作为轻工业部食品局工程师，带领试点工作组来到茅台酒厂开展试点工作。

白酒行业的试点工作，实际就是国家为解决行业的重大难题，集中一批专家和技术员扎根生产一线，现场进行诊断，并给出解决方案。此前，行业已有诸多试点工作开展。1955年，作为中国首个被选为白酒技术科研试点的烟台酒厂，经过试点总结，出版了中华人民共和国成立后酿酒业第一部技术理论图书。可以说，这是中国白酒行业的里程碑事件，甚至在很大程度上改变了中国酿酒业的发展。

在周恒刚的带领下，茅台试点工作自1964年进行至1966年，完成了两个生产周期的科学实验。在此期间，试点委员会进行了酒样的理化分析、茅台酒主体香味成分及其前驱物质的研究，并对酿酒微生物进行了分离鉴定，初步认识到茅台酒的生产规律和酿酒过程中微生物活动的规律。

1973年，茅台酒厂成立科研室，下设微生物组、分析组和工艺实验班，负责对茅台酒展开科学研究和新品开发。具体而言，微生物组负责对生产用曲、酒醅等半成品进行菌种检测、分离和鉴定，为揭开茅台酒的奥秘做技术积累。分析组对茅台半成品进行理化检测与分析，为跟踪和稳定茅台酒质量提供可塑性的数字依据。工艺实验班则是把传统生产工艺与技术改造相结合，从而进行生产对比，探索和完善酿酒生产工艺。

此时，在基础研究方面，茅台采用先进的检测仪器和科学的检测方法，攻克了诸多难题。此后，人们对茅台酒的微观结构渐渐有了更加清晰的认识。

20世纪70年代的茅台酒厂科研室

到20世纪90年代，茅台科研所已成为一个集基础研究、应用研究和科技创新为一体的科研机构，引进了多台国际国内先进仪器，如惠普生产的HP6890气相色谱仪，BLOLOG全自动和手动细菌鉴定系统等。

2000年后，为挖掘茅台酒中蕴含的更多奥秘，茅台展开了更为广泛的科学研究。2004年，茅台投入1 000万元，设立了自然科学研究基金，以鼓励全球科研人员对贵州茅台酒进行研究；2005年，茅台还建成了中国第一个具有白酒行业特色的微生物菌种库；2006年，茅台率先与省科技厅合作设立"贵州茅台科技联合基金"，同时，与江南大学开展合作，向国家申请茅

台酒风味物质研究项目等，为中国白酒产业的技术创新与发展做出了有力贡献。

2012年，茅台召开科学技术大会，这不仅是茅台建厂六十年来首次召开的集团科技大会，也是国内首次召开的酒类企业科技大会。茅台作为行业领头人，打开了中国酒企科技发展的新开端，并且，以这次科技大会为信号，中国酱香白酒进入科技创新快车道。

在科技研发道路上不断深入的茅台，渐渐找到了自己的节奏。2014年，由江南大学、贵州茅台酒股份有限公司等共同完成的"基于风味导向的固态发酵白酒生产新技术及应用"项目，获国家技术发明奖二等奖。

今天，中国白酒行业对于科学研究越发重视，并取得了许多成果。以茅台为例，其发明了耐乳酸的产酯毕赤酵母、地衣芽孢杆菌及用其制备的大曲和该大曲的制备方法等酿造工艺，申请了"基酒物流系统""具有无线射频识别功能的封口装置及其制备方法"等多项与智能制造相关的技术专利。

虽然茅台酒的酿造在很大程度上依靠着天地灵气，仰仗着自然力量，但科技的作用，就是知其所以然，将那些约定俗成的经验与未知的疑惑，一一探析解密。作为酱香酒鼻祖，茅台酒的科研之路正在不断引领中国白酒进行科技创新，开创发展新纪元。

管理：在演化中跨越

从小作坊发展成为一家名扬中外的民族企业，从粗放型管理的工厂到成为规范化、制度化、精细化的现代企业，茅台在企业管理方面走出了一条渐进式发展的道路。根据不同发展阶段的内外部环境特征，茅台采取相适应的管理方式和策略，不断转型升级，推动企业的经营发展。

1951年之前，茅台镇上的酿酒烧房都是私营小作坊。这一时期，私营小作坊的生产规模小，社会化程度低，管理极其落后，且各家都比较封闭。

1951年至1953年，仁怀县人民政府通过兼并、赎买、没收等方式，将成义、荣和与恒兴三家烧房，组建成立地方国营茅台酒厂。这标志着私营酿酒作坊转变为国有企业，一个新的时代开始了。

但建厂初期，茅台酒厂仍然是一个手工业工厂。1951年底，仁怀县人民政府派仁怀县盐业分销处干部张兴忠到厂任厂长主持工作。当时，酒厂管理极不规范，没有建账和记录。张兴忠接手后，对酒厂财务进行了清理，并对人员进行了具体分工，订立了各种规章制度。同时，员工们的合理化建议也在此期间得到应用和推广。如1955年，职工提出的22项合理化建议被采纳。可以说，张兴忠的到来，使茅台酒厂第一次具备了管理的概念。

1953年2月,茅台酒厂厂长张兴忠宣布接收恒兴酒厂场景

但发展的道路并非一帆风顺。"文化大革命"后,茅台酒厂的生产秩序及部分规章制度遭到破坏,管理陷入混乱之中。

1973年,邹开良调任茅台酒厂,当时茅台酒厂生产管理几乎停顿,脏水遍地,酒糟乱堆。酒厂长期处在负债之中。四年后,1977年8月,周高廉调任茅台酒厂担任一把手,此间酒厂内部管理混乱的问题仍没有缓解。

为整治全厂生产管理秩序,结束茅台酒厂连续15年来没有完成生产任务的历史,周高廉与邹开良搭档合作,加上郑义兴、李兴发、王绍彬等人,共同搭建了一个强有力的领导班子。以整治环境为起点,领导班子仅用两个月的时间,就使陷于停顿的新厂房重新投入运营。

领导班子重组，通过雷霆手段整治管理，把职工群众的干劲调动了起来，全厂克服种种困难，大战一百天，最终超额完成了当年国家下达的750吨生产计划任务。

这在茅台历史上留下了具有深远意义的一笔——结束了连续15年完不成任务的历史，亏损额下降到2万元，是连续16年亏损以来的最低点。

此后，茅台酒厂鼓足干劲，被评为"大庆式企业"。在此过程中，酒厂领导做出规定："在产量和质量发生矛盾的时候，保证质量；在质量和效益发生矛盾的时候，保证质量。"茅台酒厂的规章制度得以完善，企业管理上了一个大台阶。

1979年，茅台酒厂根据中央关于国民经济实行"调整、改革、整顿、提高"的八字方针，开始了以提高产品质量为重点，以经济效益为中心的企业经营管理改革。㊀

企业经营管理改革的开启，为茅台赋予了新的生命力。首先，将全厂统一核算改为厂、车间、班组"三级核算"的经济责任制。其次，进一步完善了包括《职工手册》《文明生产守则》《制酒操作规程》《制曲操作要点》《茅台酒勾兑操作规程》等在内的10项管理制度。制度的完善为茅台酒厂的科学化管理、产质量的提升奠定了重要的基础。

㊀ 中国贵州茅台酒厂有限责任公司.中国贵州茅台酒厂有限责任公司志[M].北京：方志出版社，2011.

20世纪80年代,茅台酒厂进入新的发展阶段。这一时期,茅台酒厂持续抓经营管理改革,并在中央号召下,开始推行全面质量管理活动。该活动从厂长至一线员工全员参与,旨在总结建厂以来,产品质量不稳定的经验教训,从而形成系统的操作规范。

此后,质量管理意识更加深入地在茅台人心中生根发芽。1987年,茅台酒厂从众多企业中脱颖而出,率先成为国家二级企业。四年之后,茅台酒厂又被认定为国家一级企业。

质量管理是一个渐进而持续的过程。茅台对此有着超乎寻常的执念,也为此不断付出。

20世纪90年代,茅台酒厂学习和借鉴国外其他企业的成功经验,在质量体系上贯彻ISO 9001国际标准。此后,又相继进行ISO 14000、OHSAS 18000标准的认证。最终,实现了三个体系的整合运行。

在管理进阶的发展之路上,茅台身上荣光无数。以2000年为起点,茅台进入了发展的新时期。这一时期,中国许多国有企业都面临着改制失败的问题。而茅台作为一家传统酿造企业,却实现了跨越式发展,并逐步成为中国白酒行业的标杆。

2001年7月,贵州茅台酒股份有限责任公司成功在上海证券交易所挂牌上市,茅台逐鹿资本市场的历史由此开启。这一时期,为适应激烈的市场竞争,茅台开始提出企业管理新目标,即"导入卓越绩效模式,争创全国质量管理奖",并在全厂推行5S管理、六西格玛管理制度等，同时引进绩效管理系统、人力资源管理系统、营销管理系统等一系列国际先进管理方法。

在此过程中，茅台制定和修订了400多个管理标准，建立并完善了21个体系和系统。这代表着茅台从质量管理延伸到流程管理、制度管理等更广泛的范围。茅台集团的管理水平也因此得以提高，更好地进入到国际发展轨道。

2003年与2011年，全国质量奖的荣誉两次加之于身，是茅台历史上极具标志性的事件。这是对茅台高标准、严要求的质量管理的最佳褒奖。

2017年，茅台股价创新高，市值达到4 949亿元人民币，超过世界著名酒企帝亚吉欧，一举成为世界上市值最高的烈性酒公司。2018年，茅台的盘中市值突破万亿元。2019年，茅台集团全年营业收入突破千亿。茅台能够获得这些辉煌的成绩，是因为在此过程中，茅台在不断推动管理创新。特别是2020年以来，茅台结合自身实际发展，对标世界一流企业，如帝亚吉欧、可口可乐等公司，并以此为切入点，不断加强建设自身的管理体系与管理能力。其中，茅台对11个领域的36项工作做了分解和细化，制订出《茅台集团对标世界一流管理提升行动实施方案》及《任务清单》，明确了65项具体目标任务。至此，更加完善的管理"规划图"和"作战表"助力茅台全面提升自身管理水平，向着世界一流企业迈进。

茅台的成功一方面源自茅台对传统工艺的坚守，另一方面则得益于茅台以开放多元的姿态适应现代化发展，从而让集团

的商业模式、管理体系以及管理理念等不断成熟。从小作坊到国家一级企业,到荣获全国质量奖,再到上市后向现代管理进阶、对标世界一流企业,茅台始终在不断发展蜕变的路上前进。

产品:渐进式开拓

2021年是茅台"十四五"规划的开局之年。2021年中报显示,茅台上半年实现营收507.22亿元,同比增长11.15%。其中,茅台酒及系列酒收入分别为429.49亿元、60.6亿元。

从数据看,茅台酒作为超级大单品,盈利能力不容置疑。实际上,不只是茅台,在整个白酒行业,大单品战略都占据了非常重要的地位。2019年,五粮液旗下的核心大单品经典五粮液(简称"普五")占据五粮液近70%的营收;2020年,作为剑南春旗下的核心单品,水晶剑销量为120亿元,占比为80%。而茅台则依托于53度飞天,走出了一条产品渐进式开拓的道路。

20世纪90年代以来,茅台酒厂审时度势,酝酿出了一套全新的战略思想——"一品为主,多品开发;一业为主,多种经营;一厂为主,全面发展"。茅台打造一个大单品、逐步开拓新品的路子,走得更加稳健。

之后,随着市场经济的不断发展,子公司"保健酒业公司"利用茅台酒的酒糟,成功研制出台源酒,建立了新产品开发格局的雏形,后来又进一步开发出"茅台不老酒系列产品",在国内拥有广泛的市场基础。

春江水暖鸭先知。作为行业大潮中的一员，茅台的行动非常迅速。20世纪90年代之前，为响应轻工业部白酒低度化、营养化的倡导，同时也为了寻求茅台酒厂新的经济增长点，茅台就成功研发出了39度贵州茅台酒（后又研发出38度的茅台酒）。

低度酒的研发，符合全国酿酒工业增产节约工作会议（简称贵阳会议[一]）的精神，能满足更多消费者需求，也便于茅台与国际接轨（在世界范围内，人们广泛接受的蒸馏酒度数是40度左右），更好地融入国际市场。而且，这种低度酒加冰加水即可降低度数，且酒体依然清澈透明、酱香突出、低而不淡，具有茅台酒的典型特征。可以说，茅台低度酒开创了中国白酒加冰加水、洋为中用的新途径。

茅台低度酒的诞生，为白酒行业的发展贡献了巨大力量。茅台成功解决了白酒降度后原口感、风格难以保持的疑难课题，为行业发展勾画了新图景。

变革的思路一旦打开，将在某种程度上呈现万马奔腾之势。1999年，茅台成功研发出了53度茅台王子酒并投放市场。2000年，开始研发43度茅台迎宾酒，并于次年投放市场。2000年至2004年，46度茅台王子酒、39度茅台王子酒等亦相继研发成功并投入市场。

[一] 贵阳会议于1987年在贵阳召开，会议上确定了"四个转变"，即"高度酒向低度酒转变、蒸馏酒向酿造酒转变、粮食酒向果类酒转变、普通酒向优质酒转变"，确定了"优质、低度、多品种"发展方向，这也是茅台酒大力发展低度酒的政策基础。

2001年，茅台还收购了昌黎葡萄酒业有限公司，正式进军葡萄酒领域。同年，年产啤酒10万吨的土建工程也基本完成。茅台成功将品牌嫁接到了啤酒、葡萄酒中。

与此同时，一种更为广阔的研发思路得以打开——陈年酒横空出世。酒是陈的香，茅台相继成功推出15年、30年、50年、80年的陈年茅台酒，再一次使自身蕴含的能量得以释放。陈年酒深受市场欢迎，给茅台带来了巨大的经济效益。

在快速抢占市场的年代，茅台积极响应，迅速而起，并在发展中逐步进行了产品结构调整。2004年，茅台正式确定除了茅台酒的其他产品结构，即茅台王子系列酒、茅台迎宾系列酒和其他系列酒三个系列产品。

在开拓产品体系的过程中，茅台采取了一些开创性的举措，取得了不错的成绩。但在此过程中，子公司的品牌冗杂问题也随之而来。2006年以前，子公司产品力不足，大多数通过贴牌迎合市场，这导致市场上的茅台新品泛滥成灾，茅台的品牌价值被大大稀释。

尤其是子品牌体系混乱，一定程度上损害了茅台高端的品牌形象，动摇了茅台原有的消费者忠诚度。另外，子品牌定位不清，除了名称不同，没有其他差异性，所以常出现多个子品牌瞄准同一消费群体的自我竞争局面，不仅陷入"内斗"怪圈，还在营销推广、产品研发等方面造成资源浪费。

在茅台启动的多种策略中，品牌瘦身战略通过剪枝修叶维护自身价值，是比较显著的方式。如2017年，茅台实行"双十"战略，规定子公司只能生产不超过10个品牌，每个品牌最多只能生产10款产品。2018年，品牌持续"瘦身"，由"双十"战略转变为"双五"战略，规定子公司的品牌数量应收缩为5个左右，产品总数不超过50个。

同时，茅台坚守质量，强调诚信经营，以维护消费者的权益。从20世纪80年代末开始，茅台便组建了打假队伍，配合政府部门进行市场打假，还消费市场一片净土。

在进行品牌清理后，茅台形成了一个清晰的产品集群矩阵，即以茅台酒系列为主导，以"一曲三茅四酱"酱香系列酒阵营和子公司品牌阵营为两翼的"集团军"。

茅台酒系列，包括飞天茅台、五星茅台、年份茅台、生肖茅台等产品，都是建立在53度飞天茅台基础上的核心力量。而"一曲三茅四酱"，则是指贵州茅台酒股份有限责任公司所生产的"嫡系"酱香产品，即贵州大曲、王茅酒、赖茅酒、华茅酒、汉酱酒、仁酒、茅台王子酒和茅台迎宾酒。旗下子公司的产品阵营，也按大单品战略布局，有其代表性品牌，比如习酒、茅台白金酒、茅台干红、茅台啤酒、悠蜜蓝莓果酒等，都很突出。

茅台发展的方式，渐进而稳健。在产品开拓的道路上，茅台找到了属于自己的方向，形成了科学的产品矩阵，获得了穿越行业周期的力量。

突破性创造

从"以酒勾酒"到生肖酒

以酒为主体,茅台提出了诸多引领行业的理念,打开了白酒行业的发展新格局。

其中,"勾酒"概念的提出,犹如平地一声惊雷,在白酒行业引起了强烈反响。

1965年,在全国第一届名白酒技术协作会上,茅台酒厂发表了一篇文章,名为《我们是如何勾酒的》,文中就白酒勾兑的原因、方法等进行了阐述。这是国内首次提出"勾酒"的概念,在行业的影响极其深远。

过去酿酒,多是新酒烤出便出炉售卖。茅台的特殊之处在于,其久久传承的工艺中便有勾酒这一环节。过去,茅台人将勾酒称作"碰坛",意指不同坛的酒进行"碰撞"。茅台酒共有七轮次取酒,每一轮次的酒有其不同的风格特征。而当不同轮次、不同年份的酒按照一定比例勾兑在一起时，便有了独属于茅台的风味。

《我们是如何勾酒的》文章一经发布，行业便掀起了一股勾兑热潮。此后，许多白酒企业纷纷效仿茅台，引入勾兑技艺，推动着中国白酒质量的稳定发展。

贮足陈酿、不卖新酒，同样是茅台的开创性工艺，也是茅台酒风味优质的重要原因之一。

制酒十九车间9班的酒师张军，操着一口浓重的贵州口音对徒弟说道："你才来三年。你烤的酒还没上市。"这句话背后，蕴含的便是茅台酒的特殊之处——不卖新酒。茅台酒从基酒生产到出厂，需要整整五年时间。正是如此，我们常能在茅台内部听到这样一种衡量时间的打趣说法："我来茅台15年了，约等于3瓶茅台酒的上市周期。"

时间于茅台酒，具有一种魔力。一方面，茅台酒的酿造时间较长，一年才能完成一个生产周期，且环环相扣，一个环节稍有差池，就可能影响酒的品质。另一方面，酒的贮存时间较长。五年时间里，包括一年生产周期，三年基酒贮存，而后经多种酒体勾调，再加一年贮存时间，方可出厂。不卖新酒很大程度上是酿造工艺的结果，也是对传统法则的沿袭。

1956年2月，食品工业部明文要求，茅台酒必须储存三年后才准许出厂。多年来，茅台一直严格遵循酿造工艺，坚持不卖新酒，五年上市。

在深挖护城河的同时，茅台也让外界看到了贮足陈酿的正

向价值。以茅台镇为例,绝大多数酒坊都将不卖新酒当作重要卖点来宣传。学习茅台,已经成为行业的一股风尚。在外界看来,茅台具有特殊性。一方面,茅台传承传统工艺,极具中国文化底蕴;另一方面,茅台又与时俱进,独树一帜,引领行业风潮。

"纪念酒"与"生肖酒"概念的提出,同样是行业内的开创之举。

1997年香港回归,成为载入史册的大事。茅台为此推出"香港回归1997"纪念酒。这是茅台特制生产的53度500ml茅台酒,首发价格600元/瓶。酒瓶外观沿用茅台经典包装,背标印有香港回归标志,且有季克良先生的亲笔签名。此外,该酒不仅采用陈酿茅台酒勾兑而成,而且限量发行,具有很高的收藏价值。

这是茅台纪念酒的开山鼻祖,引发了一股茅台酒收藏热潮。彼时,中国白酒行业内还未有"纪念酒"这一概念。茅台作为先行者,在白酒之中融合纪念元素,成功开启了行业新玩法。

"纪念酒"概念的引入,激发出茅台新的发展活力。此后,重大历史节点、重大赛事等,都有茅台纪念酒的身影。当北京在国际奥委会第112次全会上获得2008年奥运会的举办权时,茅台立即决定,将2001年7月13日这天生产的酒留存3万瓶,以纪念中国申办奥运成功,并致敬奥运。

相应地,茅台还陆续推出了"庆贺中国足球圆梦世界杯""庆贺中国加入世贸组织"等纪念酒。之后，在2008年北京奥运会期间、2012年伦敦奥运会开幕前夕，茅台均有纪念酒推出。

除了纪念酒，茅台还另辟蹊径推出了生肖酒。2014年，茅台发布的甲午马年生肖酒，是国内第一款可作为资产权益产品（可升值、可交易、可收藏）的高端白酒。因其具备极强的收藏属性，一经上市，便引得无数收藏者争相购买。到2020年，每瓶市场价已超过万元，价格上涨超过20倍。

极具创新意识的茅台，将诸多概念与酒衔接，从而引发了白酒行业的"头脑风暴"。如今，随着消费升级，人们的需求更加多元、细分。茅台在引领行业发展的道路上，将持续创造新理念，开拓新边界。

离开茅台镇，就产不出茅台酒

1991年，季克良提出"离开茅台镇，就产不出茅台酒"的科学论断，开创了白酒地域性的理论先河。㊀多年后，季克良仍提道："我认为这句话对茅台的发展是蛮有意义的，它既符合科学，又可以促进茅台的发展。"

为什么离开茅台镇就产不出茅台酒？

㊀ 张小军，马玥，熊玥珈. 这就是茅台 [M] 北京：机械工业出版社，2021.

对此，茅台的4万多名员工，几乎每一个人都能给出自己的答案。从地形到气候，从水源到微生物，总能分析一二。但不管怎样的答案，最终都离不开"茅台镇"这一地域概念。他们清楚地知道，圈定的15.03平方公里产区，已然注定了茅台酒的稀缺性。

说到产区概念，就不得不说与之紧密相关的易地实验。中华人民共和国成立之初，茅台酒受到国家领导的特别关注，甚至提出了"搞它一万吨"的愿望。两期试点之后，考虑到茅台镇交通不便，基础设施差，生产范围有限，加之贵州省委组织专家考察结果显示，以当时的条件，茅台酒最多发展到5 000吨，上级领导开始思考：怎么进一步扩大茅台酒的生产？

易地生产，成为当时茅台酒扩产的一条途径。贵州省科委、轻纺工业厅在考察后，选中了遵义市北郊十字铺遵义董酒厂旁边的地方。这里生态环境与茅台镇类似，山泉众多，水质清甜，且距离茅台镇仅113公里，交通便利。此外，在这方圆5公里的范围内，已有大大小小的酒厂10多家。种种条件无不显示出这是一个理想的酿酒之地。

1976年，茅台酒厂开始在遵义北郊进行艰苦的二次创业，先后抽调了40多名精兵强将，包括曾任茅台酒厂厂长的郑光先、主管生产技术的副总工程师杨仁勉，以及一些技术员、检验员、酒师、工人等，还带去了与茅台酒厂一模一样的设备、曲药等，采用的也是与茅台酒完全一致的酿酒工艺，甚至连封窖泥都是从茅台镇运输过去的。2021年夏天，一位茅台一线生产人员在接受我们采访时笑道："夸张的说法是,连灰尘都带去了。"最终因生产工艺完全复刻茅台,酿出的酒暂定名为"茅艺酒"(后被改名为"珍酒")。

20世纪70年代,副总工程师杨仁勉(右)与技术人员徐英在化验室工作场景

这场易地实验历经10年攻关,酿酒90个轮次,做了3 000多次分析实验。到1985年7月,全国评酒委员会考评组长周恒刚率领专家、教授、工程师等50余人,到茅台酒易地实验厂检测成果。通过检测,大家一致认为:理化指标、卫生指标、粮食消耗、基酒入库合格率等都达到"六五"攻关项目要求,且酒体微黄、透明,酱香突出,口感幽雅细腻,酒质较好,展现出典型的酱香酒风格。但与茅台酒相比,还存在一定差距。

茅台酒的易地实验没有得到想要的结果,更通过实践证明

了，特殊地理、气候、微生物菌种群构成的独特生态环境，是茅台酒之所以成为茅台酒的重要前提。一言以蔽之，离开茅台镇，就生产不出茅台酒。

俗话说，好山好水酿好酒。茅台镇所处的特殊地理环境使得该地酿造出了享誉世界的中国白酒。茅台镇四周群山环绕，而中间却因赤水河流过，把镇子一分为二，在沿河流域形成了适宜农耕的河谷地带，为酿酒原料的生产创造了条件。加之茅台镇冬暖夏热，年均降水量少，气温较高，无霜期有300多天，日照时长为1 400小时，是典型的湿热气候。且在上千年的时间里，气候没有太大变化，稳定的气候环境为酿酒微生物创造了生长、繁衍的绝佳场所。

有关微生物的生存环境，茅台人几乎都有自己的见解。我们采访时，一位茅台人便分析道："为什么说北方的好酒少？大风一刮，将微生物都刮走了，怎么能产出很浓郁的酒呢？好酒大多出在西南，因为这里多为山谷，风又小，气候炎热潮湿。微生物更喜欢这样的气候，而不太喜欢干燥的气候。"

同时，当地的紫色砂页岩、砾岩等，形成于侏罗纪—白垩纪，距今已有7 000万年以上的历史。这里的紫色土厚度在50厘米左右，渗水性好，水的pH值为7.2～7.8，且丰富的微量元素能让当地产出优质的高粱，为酿酒提供了绝佳原料。而赤水河水富含对人体有益的矿物质和微量元素，用来酿酒，恰到好处。

凡此种种，形成了茅台酒特殊的酿造环境。其唯一性，注定了茅台酒不可复制。而不可复制，就是茅台为自身修建的强大护城河。

2001年，经过国家质量技术监督局审查，茅台酒被批准为国家保护的"原产地域产品"。这是自1999年中国实施《原产地域产品保护规定》以来第三个获得原产地域保护的产品，也是白酒行业第一次使用原产地的概念。㊀

自此，核心产区的界限明确了下来。以茅台酒厂为核心，东边到茅遵公路至红砖厂到盐津河南端地段，南边到盐津河出水口的小河电站，西边至赤水河以赤水河为界，北边则到茅台酒厂一车间的杨柳湾。这一约7.5平方公里的区域，曾被人称作"埋在仁怀的金矿"，为茅台甚至是茅台镇、仁怀市的发展赋予了特殊的价值。

2013年，国家质检总局宣布，茅台酒地理标志产品保护地域面积扩展至15.03平方公里。㊁实际上，早在2010年左右，茅台便与中科院合作进行了为期两年的实验研究，探讨新区生产的可能性。新区的论证难度极大，地理位置、微生物和土壤等条件都要经过充分实验。最终，在确保与老区条件保持一致，产出的基酒口感一致的前提下，国家才予以批复。

如今，"离开茅台镇，就产不出茅台酒"的科学论断被广为传播。这也让外界产生了这样一种误解：茅台镇生产的酒都是

㊀ 俞彪.茅台酒获国家原产地域保护[J].中国标准化，2001（04）.

㊁ 佚名.茅台酒地理标志保护面积15.03平方公里[J].酿酒科技，2013（5）.

茅台酒。事实是，茅台镇有上千家酒厂，它们生产的酒与茅台酒相距甚远。即使工艺环节已经人所共知，环境条件也基本相同，但茅台对质量的极致追求，却并非一般企业可以相比。

一直以来，不管外部环境如何变化，茅台都坚守着传统酿造工艺，这在核心产区范围内，又有谁能做到呢？更何况，在坚守的基础上，茅台还在不断进行科研攻关，以探究茅台酒更多的秘密。虽然未知的领域如苍茫大地，一眼望不到尽头，但茅台人不会畏惧，他们不断地向更宽广的领域发起探索。

中国民族品牌典范

从巴拿马万国博览会的"一掷成名"到抓住"一带一路"机遇出海，茅台一路前行，成为中国白酒国际化的重要开拓者。在探索的过程中，茅台在理念、策略等方面实现了许多突破性创新。法国《费加罗报》刊登的一篇专题报道中提到，茅台是商业领域的成功典范："茅台酒作为中国经济腾飞、辉煌成就的象征，值得所有人怀着敬畏的心去探究。"在海外消费者的心中，茅台品牌与中国白酒之间关系密切。同时，通过茅台，他们对中国白酒文化也增进了了解。

茅台的基因里，天然地带有世界性眼光。其中，巴拿马万国博览会则是最初的起点。1915年，美国政府为庆祝巴拿马运河通航，在旧金山举办了集世界各国精品参展的巴拿马太平洋万国博览会。

这一时期，正值第一次世界大战。虽是如此，但在收到美国总统塔夫脱发来的参加博览会的邀请时，中华民国大总统袁世凯仍批示工商部筹划，成立了"筹备巴拿马赛会事务局"。同时，各省也相继成立了"赴赛出品协会"，征集展品成为这一时期各省的重点关注事项之一。

对中国而言，这是在世界亮相的绝佳机会，参展展品必须是精益求精之作，才能与五千年源远流长的历史底蕴所匹配。因此，中国送去了多达数十万件极具中国文化特色的参展物品，包括景泰蓝、刺绣、茶叶、漆器、黄酒等。而贵州在应征收集作品时，将成义烧房、荣和烧房的茅台酒分别送展。

一个流传已久的佳话是，因茅台酒产品包装简陋，在展会上并不起眼，并未得许多人青眼相看。一位中国代表见状，急中生智，走至人多热闹处，佯装摔破茅台酒瓶。霎时，醇香四溢，引得众人驻足观看。而后，经过展览会评酒专家品评，茅台酒以其特有的品质、风格，被一致推选为世界名酒，并获得金奖。民国赵恺、杨恩元撰写的《续遵义府志》提道："前志，出仁怀县西茅台村……往年携赴巴拿马赛会得金牌奖，固不特黔人珍之矣。"

消息传回国内，国人欢欣鼓舞。在那个积贫积弱的年代，茅台酒的一举夺冠，给国民带来了扬眉吐气之感。

随着中华人民共和国成立，为巩固、稳定新生的人民民主政权，中国快速发展国有经济。为国争光的茅台酒得到国家领

导的高度关注。1951年，经过上级部门同意，仁怀县人民政府以1.3亿元（旧币）赎买成义烧房，正式成立"贵州省专卖事业公司仁怀茅台酒厂"（简称茅台酒厂）。[一]此后，仁怀县人民政府又陆续整合了当地著名的荣和烧房和恒兴烧房。到1953年，终于形成今天的茅台酒厂的雏形。也是从这时候开始，茅台才获得了真正的重生，开始走向民族工业化之路。

20世纪50年代，茅台的足迹便已走向世界，其外销范围主要为中国香港、中国澳门及东南亚地区。当时，茅台酒业不仅是地方的支柱性产业，更是中国换取外汇的重要来源之一。为了给中国的经济发展带来更多宝贵资源，茅台酒厂持续向世界市场靠拢。以商标更换为例，1953年，东南亚市场上出现伪造茅台酒，大大影响了贵州茅台酒的信誉。茅台酒厂经过反复思量，在1954年正式注册商标"贵州茅台酒"，商标名称为"金轮"牌。1958年，为适应国际市场需求，茅台酒厂开始采用敦煌壁画中的"飞天献酒"图案，将外销茅台酒的商标改为"飞天"牌。

此后，茅台酒在世界上的名气更大。尤其在1955年之后，茅台酒的外销范围已经遍及五大洲，持续助力出口创汇。仅1955年至1958年期间，就有209吨茅台酒通过国家外贸渠道出口到24个国家和地区。

[一] 中国贵州茅台酒厂有限责任公司.中国贵州茅台酒厂有限责任公司志[M].北京：方志出版社，2011.

2013年，中国提出"一带一路"倡议，这给中国白酒出海创造了最佳时机。茅台立即抢抓机遇，积极进入"一带一路"沿线国家市场，并将其作为海外布局的重点，推动自身在海外市场持续稳定向好发展。通过举办品鉴会、开设体验馆、建设渠道、利用新媒体传播等创新举措，茅台在海外的品牌影响力持续扩大，让海外消费者更加了解中国白酒、中国文化。这是一个影响逐渐深入的过程。随着"一带一路"倡议的推进，越来越多的中资机构、海外华人华侨在当地消费茅台酒，也带动了当地人尝试饮用茅台酒。截至2019年9月，贵州茅台酒进出口有限责任公司已在44个"一带一路"沿线国家和地区布局了茅台海外经销商网络。㊀

在国际化战略不断清晰之际，茅台于2017年审时度势地提出"让世界爱上茅台，让茅台香飘世界"的品牌理念，显示出茅台作为民族品牌的责任担当。2020年，贵州茅台酒成为我国第一批获得欧盟认可的100个知名地理标志产品之一，中国白酒在国际化道路上再次迈出坚实的一步。茅台为行业走向世界提供了经验和方法。未来，以茅台为代表的中国白酒企业，将以更加自信的姿态走向世界。

㊀ 杨军，朱雯骞，董贤武.拥抱"一带一路"，贵州白酒香飘海外[N].中国日报，2019-10-17（15）.

02

溯源
创造力

茅台的发展史，是一部真真切切的拼搏史、奋斗史。从建厂之初的艰辛，到千亿营收、万亿市值，一路走来，茅台创造了中国白酒品牌的光辉业绩。

在走向卓越的过程中，茅台塑造了许多值得挖掘的特性。本章从文化、工艺、战略和人四个维度，阐释茅台的创造力从何而来。文化是创造力的源头活水，让其具有生生不息的动力；围绕工艺的进阶则是创造之本，持续激发出茅台的创造活力；战略具有引领作用，为创造指引方向；人是创造的核心力量，所有的创造都因人而生、因人而兴。这四个维度共同作用，让茅台迸发出源源不断的创造力。

人是核心

质量目标 | 战略目标

文化土壤

文化之源

河谷文明

　　河流,自大小山间而来,在奔涌中孕育出人类文明。从两河流域浇灌出的世界最早的城邦文明,到尼罗河造就的古埃及文明,到印度河与恒河养育出的印度文明,再到长江与黄河滋养的华夏文明……河流奔腾不息流向远方,刻画出人类文明源远流长的印记。

　　茅台镇四面环山,一条赤水河悠悠流过,突破高山的阻拦,越过巨石的重重障碍,穿过时间的浩瀚,创造出独特的酒文明,也创造了茅台镇的酒业盛世。上千年的河谷文明赋予了茅台创造的动力。

　　在中国白酒的版图上,赤水河是一条不容忽视的河流,被称为中国美酒河。在这里,它孕育出了茅台、潭酒、习酒、郎酒、董酒、怀酒等数十种蜚声中外的美酒。从这个角度讲,赤

水河可以说是中国白酒的母亲河。㊀

酒,随赤水河而生,在农耕文明中延续"壮大"。

正如水果发酵酝酿出了另一种味道,从历史的角度而言,酒的产生或许也带有偶然性。人们惊奇地发现,这是味蕾从未感知的世界。此后,酒成为人类文明史上一种重要的载体,随着历史的跌宕起伏不断发展。

汉代刘安在《淮南子·说林训》中提道:"清醢之美,始于耒耜。"意指有了种地翻土的农具耒耜,才酿出了美味的清酒。这意味着,农业的发展大幅提高了人民的生活水平。陶器的广泛使用,为酒的贮藏创造了条件。原料的富足与储存工具的出现,意味着人类社会已基本具备了酿酒的条件。

秦汉时期,赤水河流域的酒已小有名气。及至宋朝,贵州民间出现了以麦曲酿造、密封窖藏多年的"老酒",名为风曲法酒。范成大在《桂海虞衡志·志酒》说:"老酒,以麦曲酿酒,密封藏之可数年……有贵客则设老酒、冬鲊以示勤,婚娶亦以老酒为厚礼。"这一时期,贵州境内谈婚论嫁,皆以"老酒"为聘礼。并且,此时的"老酒"已初步具备今天茅台酒工艺的一些特征。

及至元明之际,茅台镇出现了"回沙"工艺。这一工艺的诞生对酱香酒的酿制技巧、酒体风格,极具革命性意义。尤其

㊀ 陈泽明,龚勇.贵州酒典 [M].北京:中国商务出版社,2014.

在明朝时期，茅台镇还出现了著名的茅台烧春。此后，酱香酒的工艺臻于成熟。

从先秦时代酿酒工艺的萌芽，到汉代采用枸酱酿酒，到宋代风曲法酒带起"老酒"之风，再到明朝的茅台烧春，茅台镇的酿酒工艺不断走向成熟。古人于河岸挑水烤酒，今人借赤水河发展酱酒产业，时空的一一呼应，映照出文明的延续与继承。

如果站在地理角度看茅台，这里四面环山，交通不便。高山环绕，封闭之中，往往能产生两种结局：其一，穷则愈穷；其二，穷则思变。茅台则是从贫穷中走来，借助赤水河找到自己的发展方式，而后不断崛起的典范。

群山林立，看似阻塞交通，却又在无形之中"迫使"茅台人去突围、去创造。高山阻隔了对外连接，但造物主似又不忍这里闭塞，于是"安排"一条赤水河穿流而过。河水一往无前，滋养着茅台人，并不断培育出当地开放包容的品性。

自赤水河流淌至茅台镇起，大河文明中携带来的开创的精神因子，便已根植在茅台人的基因中。河水拍打两岸，卷起千层浪。茅台人苦苦思索，借助一望无际的赤水河，终于寻得酿酒这一条改变命运的道路。

商业文明：从盐到酒

中国商业文明的历史源远流长。当世界大多数地区处于

蛮荒时代时，中国的农耕文明已经发展至一定水平，带动了商业活动的兴起。在夏朝商人王亥用牛车拉着货物，到外部落搞交易，促使农牧业迅速发展之际，华夏商业贸易的先河便已开启。此后，商业都会崛起，商人群体兴起，商业规则制订，孕育出了璀璨的商业文明。

在历史的长河中，商业文明赋予了茅台源源不断的创造力。在茅台镇起伏不平的山脉中，村落与小镇顶住了群山的压力，硬生生扎根于土地，倔强地长出了枝丫。茅台的商业文明正如村落一般，在崇山峻岭的夹缝中生根发芽。商业发展激发了人们的创造力，让历代茅台人为了更好地生存而不断创新，从而创造出更好的茅台。

赤水河是茅台镇商业文明兴起的媒介，盐则是促使商贸往来的承载物。

贵州由于地理环境等原因，大部分食盐来自四川。《四川盐法志》记载："至元二年（1265年）……是为贵州食川盐之始。"到乾隆中期，"不食川盐者唯黎平一府"。

因贵州山多而平地少，陆运的运输量小，且耗费成本很高，所以水路运输是川盐入黔的最佳选择。赤水河为长江上游支流，通四川，自古以来就是川盐入黔的重要通道。于是，四川自贡的食盐经过泸州，顺着长江运达合江县城后，再经由赤水河运到黔北各地。盐运带来了赤水河沿岸经济的繁荣，也改变了茅台的区位历史。

与此同时，一种新思想开始萌芽。明朝后期，中国城市经济不断发展，传统的小农经济已然无法满足供需要求。这极大地激发了中国商业活动的积极性，由此自由雇佣劳动关系出现，许多手工作坊不断兴起——中国出现了资本主义萌芽的苗头。

时间长河向前滚滚而去，清乾隆元年（1736年），朝廷下令开设了仁岸盐道，该条盐道起于四川合江，沿赤水河而上，终于贵州仁怀。为规范川盐入黔盐道秩序，乾隆年间，清政府下令将茅台镇列为川盐入黔的四大口岸之一。至此，茅台镇成为重要的商品交易码头，并逐渐成为黔北重镇。

天长日久，赤水河道淤泥堵塞，河床狭窄，商船通行不畅。沿岸道路崎岖，来往商旅行走十分艰难，运送物资只能靠人力。此外，渡夫看人渡河，常常收取很高的渡河费用。

为让川盐顺利入黔，使贵州的铅、铜等资源顺利出黔，时任贵州总督的张广泗于乾隆八年（1743年）在民间征集疏通赤水河项目工程的承包人。此时，名叫吴登举的农夫闻讯报名，毛遂自荐为修治赤水河出一份力。

吴登举，贵州省仁怀县二郎里人，他曾当面斥责渡夫："你们勒索来往商人，是天理难容的事。"得知官府征集疏通河道之人后，他刺破手指滴血画押，于文书中写道："我愿意用一家老少男女共18人的生命和财产作为担保，恳请疏通赤水河道，方便人们出行。如果我违背了初心，愿意献上全家的性命。"

赤水河吴公岩运渡口

乾隆九年（1744年）农历二月初四，疏通赤水河工程动工。吴登举亲自监工，与工人同甘共苦，风餐露宿，终于在乾隆十二年（1747年）八月十二日，使工程大功告成。赤水河道疏通之后，张广泗邀请吴登举到文公滩渡口参观，并把文公滩渡口的收费权授给吴家，同时此地更名为吴公岩，以作纪念。

此后，赤水河的航运更加畅通便捷。作为川盐入黔四大口岸之一的茅台镇也吸引了更多人前往，逐渐成为川盐在贵州的一个集散中心，并形成了多向互利的商贸网络。

"蜀盐走贵州，秦商聚茅台。"清代诗人郑珍形象地描述了贵州茅台地区的盐业运销情况。这一时期，山西、陕西的盐商在此聚集，在很大程度上带动了茅台地区经济的发展。

酒业则随着往来盐运逐渐兴旺。一直以来，茅台当地酿酒历史久远，但受交通限制，美酒难以飘香九州。盐运兴起，河道疏通，商贾云集，为酒业兴起创造了条件。

于是，茅台富有创造性的优质回沙酱香酒，便随着盐道销往各地。贸易带动了茅台地区的酱香酒产业的发展，至此，茅台迎来了第一个酒业发展高潮。

乾隆年间，黔北地区酿酒业出现了资本主义萌芽。时代的春风推动着各个行业欣欣向荣，催生了各行各业的跨越式发展。酿酒业也不例外。到道光年间，茅台镇上已有20多家专门酿造回沙酱香酒的烧房。1840年前后，茅台地区的白酒生产规模已在全国遥遥领先，其产量达到170多吨，形成"家唯储酒卖，船只载盐多"的繁盛局面。

1878年，四川总督丁宝桢为开发赤水河，奏请光绪帝再次疏通赤水河道，获得批准。丁宝桢亲自指挥，按照"商办商捐""官督民办"的原则，动员赤水河沿岸的商户捐资捐款，并采取以工代赈的方式，鼓励赤水河周边的人们行动起来，整治赤水河道。这次整治历时三年完工。

在疏通河道过程中，丁宝桢还派人凿通了涪岸（乌江涪陵）至思南之间的河道、永岸河道与旱道，使得四大口岸的食盐可以通过水路和陆路，顺畅地运送到全贵州境内。

此后，赤水河流域的船只航行数量大大增加，茅台镇的商业更加繁荣。众多盐商聚集茅台镇，并开始在茅台镇投资酿酒，改革酿酒工艺，不断提高酒的品质。在此期间，华联辉、

茅台镇集市白酒贸易图（原文化城展板）

石荣霄、王立夫、周秉衡、赖永初等人，由原来的商人或地主转变成了民族资本家，他们通过"变卖""恢复"等手段，逐渐取代了茅台镇原有的20多家烧房。[一]至此，茅台镇上形成了以成义、荣和与恒兴为代表的三大烧房。这三大烧房成为黔北地区较早的新式酒厂，为黔北地区民族资本主义的发展奠定了基础。

从盐到酒，开山凿河，商贸往来催生了茅台商业文明的基因。从个体到群体，盐运与酒业打造了一个新的社会生态。在不断的商业创造中，茅台在大山中一步步蜕变，焕发出勃勃生机。

[一] 由于清政府镇压太平天国运动及镇压贵州苗民起义，使得茅台镇的20多家烧房毁于一旦，因此这里有"变卖""恢复"的说法。

文化冲击：变革基因

西南一隅，群山之中，内外文化的碰撞，激起了翻涌的巨浪。在历史上，茅台曾经受战争的冲击，遭受过苦难。战争打破了小镇的宁静，但也留下了许多英雄故事，为茅台镇注入了创造和变革的基因。

从历史的脉络来看，近代以来，西方国家空前发展，并在世界各地进行扩张。闭关锁国的清朝政府没有躲过历史车轮的碾压，中国一步步沦为半殖民地半封建社会。清政府为支付高额的战争赔款和填补巨大的财政亏空，加重对百姓的剥削，导致农民和手工业者纷纷破产。

贵州虽为西南边陲之地，但战争之火依旧燃至此处。清朝咸丰、同治年间，贵州各族人民的起义尤为激烈。比如，黔北一带的杨龙喜起义，思南境内刘仪顺与何冠益等领导的白号军起义等。他们攻打了遵义、仁怀等地，战火波及大半个贵州，茅台镇的20多家酿酒烧房皆被毁坏。

与此同时，1856年"天京事变"后，太平天国运动领袖石达开率领部众逃往云南，企图东山再起。途经贵州时，石达开率众人到茅台镇进行休整，并畅饮茅台酒。

石达开多次出入仁怀，到达茅台，最终逃至大渡河，全军覆灭。1863年6月，石达开被凌迟处死。其一生壮志未酬最终湮没在历史的篇章之中，其传奇的一生如一阵狂风，不断引发茅台人对历史的思考。

茅台创造力

岁月流转，变革的精神从未中断。1935年，中国工农红军四渡赤水，打乱了敌军的部署，摆脱了几十万敌军的围追堵截，取得了长征史上重要的战略转移胜利。其中，茅台渡口是中国工农红军第三次渡河之地。

在茅台渡的战役中，红军进驻茅台镇，并把《中国工农红军总政治部关于保护茅台酒的通知》张贴到了成义、荣和、恒兴三家酿酒作坊的门口。据《中国工农红军第一方面军史》记载，时任工农红军总政治部主任王稼祥、副主任李富春签署了这一通知，并以总政治部的名义下发。通知提道："私营企业酿制的茅台老酒，酒好质佳，一举夺得国际巴拿马大赛金奖，为国人争光。我军只能在酒厂公买公卖。对酒灶、酒窖、酒坛、酒瓶等一切设备，均应加以保护，不得损坏。望我军将士切切遵照。"同时在通知旁边还贴上标语："红军到茅台，开仓分浮财。土豪把头埋，干人（穷人）笑开怀。"

红军驻扎茅台镇后，立即组织相关人员领导工农群众进行打土豪、分田地的行动，并把地主的粮食分发给穷苦百姓。百姓还组织了一支50多人的代表队，抬着茅台酒和猪肉到红军政治部进行慰问。

由于长征途中长途奔波、跋山涉水，再加上和敌军不断发生激战，很多红军战士浑身是伤，又因缺医少药，受伤战士只能带伤前行。到了茅台镇，茅台酒被用来给红军战士擦洗伤口，并起到了舒筋活血、养好身体的功能。

经过红色革命洗礼的茅台镇与茅台酒,与红军结下了深厚的情谊。茅台镇上一直流传着革命精神,这些精神激励着一代又一代茅台人奋勇向前。

酒与文化相辅相成

从古至今,赤水河滚滚而过。茅台镇在封闭之中掘出一条生命之路。小镇的风云故事,氤氲出一壶酒的风味。而酒的千种风情,凭着悠远的故事,愈发醇厚,迷醉时光。

在中国白酒版图中,很少有一种酒,能有如此独特的地位。很少有一种酒,能有如此独特而精彩的文化。茅台人极擅平衡,在文化与酒的两端,实现了恰到好处的融合。

1958年,为了让茅台酒更好地走向世界,茅台选择使用"飞天"商标。一个极具中国文化内涵的"飞天"符号,一杯传承千年的美酒,二者的结合,是一种古老文明对另一种古老文明的致敬。

"飞天"一出,便迅速帮助茅台酒打开了国际市场。在之后的时间里,"飞天"所承载的东方文明,成为茅台酒在海外最显著的标识之一。

如果从文化角度来看,茅台从不缺故事。一般来说,文化都有地域性特征。它是基于特定的地域与人群孕育出的当地文化。因赤水河而兴的茅台酒,作为如今世界闻名的品牌,具有

丰富的地域文化、历史文化、酿造文化、酒文化、红色文化等。

丰富的文化底蕴是茅台酒保持创造活力的源泉。

近代，在巴拿马万国博览会上"惊天一掷"的茅台酒，引得世界为之赞叹。长征时期，四渡赤水出奇兵，茅台酒为红军解乏、疗伤。加之赤水河边苗族、布依族、仡佬族的传说与故事，不断积累、不断丰富的文化，推动着茅台走向更加广阔的未来。

其中，传承传统酒文化，是茅台酒弘扬国粹的重要途径之一。

酒自诞生以来，便在人类的政治、经济和社会生产活动中扮演了重要角色。特别是在中国，酒不仅有悠久的历史，而且内涵丰富、博大精深。在中华五千年的文明史中，酒已成为中国思想、道德、文化的重要载体。

茅台酒，作为中国白酒文化的代表，不断地向世界传播着中国深厚的文化底蕴。

以包装器皿为切入点，茅台身上的文化内涵始终不曾改变。从土陶坛到土陶瓶，到陶瓷瓶、白瓷瓶，再到乳白瓷瓶，不管经历怎样的历史变迁，茅台酒的包装器皿始终都有着中国陶瓷文化的影子。茅台酒与陶瓷器的关系紧密，是因为作为盛酒器皿，陶瓷器拥有稳定的藏酒特性。时至今日，陶瓷器仍旧是贮存茅台酒的主要载体。

文化的意象，体现在包装细节上。在包装器皿的颜色选取上，茅台选取了中国人最喜欢的大红色。这种颜色蕴含喜庆、热闹与祥和之意。茅台的瓶身系着一条红丝带，这是酒文化的古老体现。古时，每一家卖酒的店铺都会有自己的酒旗，以便让顾客知道酒的名号。酒旗可以被看作中国酒业最古老的一种广告形式。茅台则借助一缕红丝带传承了中国酒文化。

家国一体的文化基因，是茅台酒到达如今高度的助推器。

1949年中华人民共和国成立，茅台酒是庆祝中国获得新生的载体；1954年日内瓦会议，茅台酒是外交活动的润滑剂；1972年中美关系"破冰"，茅台酒是历史的见证者。茅台酒在中国外交上的频频亮相，使其在国际上名声大噪，成为中国创汇收入的重要来源之一。在那个物资匮乏的年代，一吨茅台酒可以换取40吨钢材、700辆自行车或32吨汽油。在中国经济亟待发展的时候，茅台酒发挥了重要的作用。

此后，在中国重大的社会事件中，从不缺乏茅台酒的身影。比如，在中国申办奥运、神舟飞船成功上天时，都有相应的茅台纪念酒。与时代同行，茅台酒见证了国家伟大而光荣的时刻。

孝亲文化，奠定了茅台酒深厚的文化基底。

茅台酒的前身——华茅的酿制初心源于"孝心"。1857年，四川泸州盐务总办华联辉来到茅台镇，为祖母寻找记忆中的美酒味道。彼时，因清咸丰、同治年间茅台镇曾发生战乱，镇上的酿酒烧房毁坏殆尽，茅酒的酿造一度中断。

华联辉琢磨许久，最终买下茅台镇一家烧房旧址，于旧址重建烧房，取名"成裕烧房"。同时，以重金招聘老酒师，希望酿造出正宗的茅酒，以圆祖母多年心愿。几经酿制，最终华茅诞生。祖母品尝之后，连连感叹，这便是她久违的风味。

最初，华茅只是作为家庭宴饮之酒。谁知亲朋好友品尝后，交口称赞，一时之间，求酒者甚广。华联辉极具商业头脑，见状便立即扩建烧房，以实现华茅对外销售。1875年，"成裕烧房"更名为"成义烧房"。至此，影响后世的成义烧房在历史中留下了自己的印记，并成为第一间有商号注册的酿酒烧房。

岁月不居，时节如流。2018年，茅台集团重启华茅商标，设计了一款新产品——华茅1862，并在酒瓶上印上"孝祖母，酿美酒"图样。这是对百余年前华茅诞生初心的呼应，也是对中国传统文化的尊崇。

文化是创造的土壤。作为中国白酒行业里率先把文化和酒结合起来的企业，茅台无疑极具开创精神。早在1985年，茅台酒厂便在成义烧房原址上改建制酒车间。这一青瓦房的门匾上，书有"茅酒之源"四个大字。

2013年，以"茅酒之源"为代表的茅台酒工业遗产群，被国务院批准为"第七批全国重点文物保护单位"。这一遗产群完整保存了自清末以来的酿造体系，是茅台酒与文化的实物载体。2018年，"茅台酒酿酒作坊"入选第二批国家工业遗产。这批工业遗产是茅台发展历程的历史见证，具有很高的历史价值与科研价值。

文化与酒,酝酿出赤水河谷的独特风情。文人骚客聚集于此,于是便有了"风来隔壁千家醉,雨过开瓶十里香""酒冠黔人国"等诗酒篇章。

千年历史,百年荣光。文化滋养了一壶酒的底蕴,美酒丰富了文化的内涵。

工艺：创造的基底

酿造就是创造

高粱、小麦与水，极简的原料组合，成就了茅台酒的千种风情。

这是夏天的开端，赤水河由清澈变为"浑浊"。制酒车间热气朦胧，褐黄色的酒糟静静酝酿，待时机成熟，便脱胎于酒糟的躯壳，蜕变成澄澈的酒滴。

车间的老酒师对我们说："酿造本身就是一个创造的过程。"一粒粒粮食，在自然与人工的合力之下，成为一滴滴美酒。这是一场声势浩大的群体工程，从高粱生长垂穗，到收割晾晒，再到重重质量检验运送到生产车间，一粒粒粮食在自然发酵中获取天地灵气。滴落成酒的那一刻，高粱与小麦便完成了一生庄重的使命。

生长，结穗，烤酒，出炉，这便是创造最为本真的内涵。

回归一瓶酒的本质，粮食升华为酒，是创造；工艺的独一无二，也是创造。

端午制曲，重阳下沙，这种前人智慧与历史传承的统一，兼具了科学性和艺术性，使茅台酒具有酱香突出、幽雅细腻、酒体醇厚、回味悠长、空杯留香的独特魅力。

陈酿，一直被看作时光赠予的礼物。不同轮次刚出的酒，都有自身的特性。总体来看，新烤酒中含有低辣、暴辣的低沸点物质。经过陈酿这一道工序，醛类、硫化物等物质得以挥发。随着贮存时间的延长，水分子与酒精分子融合得更加紧密，新酒中刺激感减少，酒的芳香味渐浓。

早在1956年，食品工业部便规定，茅台酒必须储存3年后才准许出厂。此后，茅台酒的陈酿工序便有了一套完备的流程。1至7轮次的新烤酒需要经过感官评定，分香型、定等级。之后，按照酱香、窖底、醇甜三种典型体，以及不同的等级、不同的轮次，入库装坛，分型贮存。

贮存一年后，进行盘勾。即对同一轮次、同一香型、同一等级的基酒，进行"合并同类项"。完成盘勾后，再将其装回陶坛。经由时间打磨，相同品性的酒体在陶坛中悄然融合，不断老熟。在小型勾兑、大型勾兑之中，贮存仍旧是不变的主题。若将茅台酒的工序时间相加，从生产到出厂要耗时5年。其中，大多数时间，酒都存于陶坛之中。

经由时间打磨，陈酿之后的茅台酒口味变得醇厚、柔顺，且酱香突出。贮存时间越久，其酒体越柔顺，香气越幽雅。

勾兑，与陈酿一样，是茅台酒独特工艺的重要组成部分，也是茅台人创造出的独特酿造手法。茅台酒基酒种类多，有1到7个轮次酒，每一个轮次又分为酱香、窖底、醇甜三种典型体，每一种典型体又分3个等级。

在所有酒中，茅台酒在勾兑时，使用的单体酒种类最多，勾兑过程也最为复杂。并且茅台酒勾兑时，采取以酒勾酒方式，绝不添加其他任何外来物质，包括香味物质和水。

一杯色、香、味皆符合标准的茅台酒，需要经验丰富的勾兑师操刀，同时还要两份检测报告作为依据：一份是基酒报告，一份是勾兑样品报告。经验与数据的结合，使得勾兑出的酒质稳定如一。国家轻工研究所曾对茅台酒进行过长期跟踪检测，发现茅台酒的色谱骨架很稳定。这也代表茅台出厂酒质长期保持稳定状态。

从远古走来的美酒，在时代的洪流中自成一派，形成了独具特色的风格体系与酿造工艺。酿造一瓶飘香美酒，创造一种生活方式，一代又一代茅台人在使命交接中，完成了一种文明的传递。

因变化而创造

天晴，天阴，微雨，轻风，自然变幻的每一种姿态，都会对茅台酒的风味产生影响。在看不见摸不着的微观世界，微生物敏感而多变，一有风吹草动，便衍生出各种变化。微生物工程师陈良强形容，一阵风吹过，就可能带来新的微生物。诸多不可控的变化需要人们用创造力来平衡和破解。

温度，是最直接、最常见的变量。1993年，严钢在制酒四车间所在班当酒师时，发现这个班连续5年产质量靠后，基酒连合格率都无法达标。经过仔细观察，严钢发现班组基本操作不规范，尤其对温度的把控不仔细。他提道："我们酿酒全靠温度，什么条件都够了，温度把控不好就不行。"

道理很简单，就像冬天做米酒时，温度把控不好，米酒发不出来；夏天温度过高，米酒就酸了。在冬夏之间，把控温度的变化，调整操作方式，才能保证质量。

在酿酒环节中，摊晾与温度紧密相关。通常，夏天温度高，摊晾薄一点，以便降低酸度与温度；而冬天温度偏低，摊晾厚一点，才能保证温度。温度得到控制，才能保证微生物的接种量。

摊晾场景

茅台酒的酿造需要与温度进行持续的抗争。酿酒师们老生常谈的案例，是第一、二轮次取酒时对温度的把握。第一、二轮次取酒正是数九寒冬之际，他们需要防止温度过低，保证微生物有一个良好的生长条件。到了第三、四、五轮次时，随着温度的渐渐回升，酿酒师们又要与高温作战，关注酒糟的变化。

端午制曲，也与温度紧密相关。虽然如今茅台已经全年制曲，但是制曲质量始终与端午时节保持一致。因全年温度有一定的起伏，这便需要通过把控细节，实现曲块的质量稳定。

作为茅台制曲大师，任金素对温度的变化已有成熟的应对方式。"冬天天冷，摊晾时间、原料破碎率可以做相应调整。我们堆积的草，肯定要多用一点，让曲块保温。"具体而言，冬天可以将破碎度调整至百分之八或百分之九。此外，还可以根据冬夏气温的不同，添加不同量的母曲，冬天多加，夏天少加。

在管窖工的世界里，变量同样很多。在制酒十五车间7班工人雷登强看来，一名合格的管窖工，要懂得根据季节和天气调节封窖泥的水分和厚度。六月盛夏，雷登强接受"茅台时空"采访时，总结了自己的工作经验。他提到，水分太少，踩制的封窖泥经过一天堆积沥水，用于封窖则容易干裂；水分太多，泥巴太稀，则容易滋生杂菌，影响酒的风味。封窖泥的厚度把控也有讲究。通常而言，冬天薄，夏天厚，才能让窖内的微生物生长良好，同时抑制其他杂菌的生长，以保证酒的风格纯正。

待封窖完毕,远远看去,窖坑是一个四边低、中间高的"馒头型"。一如茅台镇上的小山,饱满而又敦实。走到这一步,管窖工的"操心"工作才刚开始。接下来的30天,管窖工需要更加关注窖泥的变化。窖泥有些干,便要覆盖薄膜;窖泥过于湿润,便要赶紧敞开。对窖坑的照料,仍旧与阴天或晴天相关。因为温度决定了敞窖的时间和频次,而敞与盖之间,则是以工艺应对变量的细节调整。

以气候环境为主导的变量,本质上可以看作微生物的变化。在微不可察的微观世界里,这些"精灵"变化无穷。人作为管理者,需要为其创造适宜生存的环境,静待微生物酿造美酒。酒厂老领导张世华对此深有感受,他提道:"茅台酒的生产工艺很复杂、很神秘,同一个班组,同一个酒师,同样的指导,窖与窖之间也会有差异。一个车间接受的都是同样的指导,但班和班之间的产量、质量就是不一样。所以生产工艺不是一成不变的,用现代化的统一规范操作来指导茅台酒生产很难,这和中医看病有异曲同工之妙,其中的关键都需要人来掌控。"以上甑为例,"轻、松、薄、匀、平、准"是上甑的原则,这一看似简单的原则,要想做好并不容易。酒师要时刻观察着甑子里的窜汽情况,不停地接汽、压汽。不同人上甑的情况有所不同,产质量也会有所不同。

即便是同一个车间,也存在变量。制酒十六车间酒师周胜然提道:"车间有靠近大门的晾堂,也有与门相隔较远的晾堂。

不同的位置，通风性能不同，也会对堆子的发酵情况产生影响。"因此，即便在一个车间里，酿酒师们也会有不同的生产节奏。他们需要根据不同的生产条件随时变通，以找到最佳的酿造时间，采取最适宜的酿造方式。

茅台人常说一句老话："煮酒熬糖，充不得老行。"意指酿酒熬糖这事，未知的变量太多。酿酒环节上的每一个人，都清楚变化无处不在。他们在变化中创造，不断调整并优化工艺，用经验和巧思酿出醇厚的美酒。

为质量而创造

茅台生产车间有一则标语：质量责任重如山，食品安全大如天。质量是生命之魂。一直以来，茅台人对质量有着近乎严苛的标准，并采取了诸多实际行动来保证质量稳定。早在20世纪80年代，茅台便开创全国白酒行业的先河，推广了全面质量管理办法及群众性的质量管理活动。

为质量而创造贯穿在茅台的发展历程之中。围绕质量进行思索，总能迸发许多灵感。风味、微生物的研究，都是如此。

针对茅台酒的风味变化，茅台集团专门成立了风味物质研究室，用以研究酒的风味和口感。当前，研究室依据已经确定的300多种物质对酒的风味的影响状况，构建起了一套相似度评价体系。这套评价体系可以对茅台酒的质量进行把控，保证公司出厂的每一批酒质量稳定。此外，这套体系还可以为勾兑师提供参考，辅助勾兑师更好地把控酒的风味和口感，从而提高勾兑合格率。

相应地，茅台的微生物团队可以根据已知的风味物质特性，去追踪溯源微生物的繁殖情况。正如风味物质研究人员倪德让所说："搞清楚这种风味物质是什么菌产生的，了解这种菌的生长习性是什么，是好氧还是厌氧，是耐高温还是喜阴凉。在这些情况了解清楚后，我们就知道怎么去为微生物的生长创造环境了。"

微生物是酿出好酒的重要"生产力量"。正是如此，茅台在微生物研究方面做了很多努力。比如，成立微生物研究室，以加强对微生物的掌握；建立白酒行业第一个分子研究室，从细胞角度研究微生物的生长规律和特性；建立菌种实体库和生物信息库，以便把掌握的微生物信息存储起来，为微生物研究提供数据支持；建立快速精准的定量平台，根据已知微生物状况去检测酿酒生产过程，辅助生产。

为加强质量监管，茅台集团成立了品酒委员会。为保证出厂酒品质一致，委员会成员会对每一批勾兑出的酒进行品评。

一般的方式是在桌上放上正宗的茅台酒和出厂样品酒，品评人员根据自己对两种不同酒的品鉴结果进行投票。原则是少数服从多数，只要样品的票数大于正宗茅台酒的票数，就是合格的。但实际上，只要有一个评委觉得没达到标准，那就需要

重新勾兑。这种做法可以尽可能地保证酒的出厂质量，为下一步抽样检查提供保障。

食品安全是食品行业的底线。尽管茅台酒原料生产过程中已经杜绝使用农药，产品中也绝对无农药残留，但作为头部企业，茅台一直将防范各种风险的研究作为科研投入的重点领域。

2017年，茅台科研人员经过不断研发，申请了"一种检测白酒中80种农药残留量的方法"专利。这项专利为行业提供了先进的分析检测技术，为更好地防范农药残留提供了科学依据。这一切，仍旧是茅台围绕质量而努力的创造性成果。

如今，茅台更是把绿色生态和环境保护作为保障茅台酒质量的落脚点。为保护当地的生态环境，茅台狠狠地下了一番功夫，实现了水和酒糟的循环利用，建立了专业的环保队伍；还通过植树造林，加强了茅台镇的生态绿化等。

此外，为提升酒的质量，茅台还采取了许多办法。比如，针对职工奖励机制，茅台实行"质量与工资挂钩"的制度。在生产车间，只有质量奖而没有超产奖，以便激励员工向质量要工资，以质量求奖励，从而把"质量是生命之魂"的理念内化为所有茅台人的自觉行动。

茅台人对质量的坚守，早已不再局限于对一瓶酒本身的把控，而是上升到了一个新的高度——从关注茅台自身，到关注茅台镇生态，再到关注整个长江流域生态，形成了茅台注重可持续发展的质量观。

战略：引领的力量

顺时：与国家同行

国家强，茅台兴。

从开国宴会用酒，到日内瓦会议等外交场合展露风采；从为国家赚取外汇，到成为中国民族企业的一张名片；从万吨茅台梦，到千亿市值高峰；从西南一隅小酒厂，到世界蒸馏酒第一品牌……茅台的每一步，都与国家战略同频共振；茅台的每一个成就，都折射着中国民族工业茁壮生长的历程。

与国家同行，是茅台的发展印记。

建立国营酒厂

作为轻工业的典型代表，白酒成为新中国成立初期的重点发展对象，大批国营酒厂应运而生。1951年，地方国营茅台酒厂成立。1953年，地方国营洋河酒厂成立。1955年，地方国营宝丰酒厂成立。1957年，国营宜宾五粮液酒厂正式成立。

在国家的支持下,茅台酒厂重建厂房。不仅请回过去成义、荣和、恒兴三家烧房的老酒师,还购买生产设施设备和原料,以快速恢复生产。

1954年,财政部投资8万元,用以扩建茅台酒厂。1955年至1957年,国家又先后投资138.8万元,用在制酒、制曲、粮库、酒库及整个酒厂和化验室的改扩建等。到1961年底,茅台酒厂的改造、扩建基本完成,此时茅台酒厂的面积相当于以前三家烧房总面积的10倍,酒厂生产规模迅速扩大。这为茅台酒厂的发展奠定了重要基础。

放开名酒价格

1988年,国家放开对13种名酒的价格管制。这意味着包括茅台酒在内的名酒,终于迎来了价格自主决定的历史性时刻。中国白酒行业开始进入市场化阶段。

过去很长一段时间内,茅台酒作为特供酒一直在计划管理范畴之内,人们用"皇帝的女儿不愁嫁"来形容当时的茅台酒。放开价格管制,对茅台意义非凡。不过,初期茅台依然采取"批条—生产"模式,还未真正进入市场。这一时期,五粮液、洋河等浓香品牌抓住时机,迎来了高速发展时期。

1989年,国家在治理整顿中把茅台列为集团控购商品之一。同时,因为茅台酒厂正在转型——由过去计划经济时期的长期包销,转变为市场经济体制下的自主销售,茅台酒厂出现了有史以来的第一次库存危机。

眼看危机愈演愈烈，酒厂领导果断决策，迅速采取"三个开拓"方案：开拓市场、开拓原料和能源来源、开拓资金渠道。邹开良和经营副厂长还亲自带队，兵分两路，分别赴沿海和东北进行考察、调研，以开拓新的销售渠道。

最终，茅台酒厂在全国主要城市建立了20多个自己的代销点，把以前的登门服务改为送货上门，还赶了一趟时髦，在广东省打了第一个商业广告。至此，茅台的库存危机得到解决，也有了现今茅台销售网络的雏形。1990年，茅台酒的销售全面回暖，销售收入达1.1亿元，超额完成了销售计划。这意味着茅台在市场经济中适应良好，开始走上市场经济之路。

市场化突围

1997年，亚洲金融危机爆发，宏观经济下行。市场经济的残酷一面迅速显现，许多企业进入寒冬，寸步难行。

第二年春节期间，本是销售旺季，但茅台酒的销售量仅为原计划的20%左右。在第二季度的春交会期间，茅台酒的销量不升反降，还不到年销售计划的10%。到7月，茅台酒的销量只有不到700吨，只占年度计划的30%。整个1998年，茅台酒厂的销售额不到8亿元，在全国名酒序列中排名第11位。

很快，茅台打出了一套"组合拳"。一方面，从营销渠道和队伍入手，围绕市场采取一系列营销手段。另一方面，宣传茅

台文化,向消费者讲好茅台故事。

1998年夏天,茅台开展营销动员大会,从公司内部选拔人才,组建专业的营销团队,改变以往借由糖酒公司集中转销的模式,真正把茅台酒推向市场。

1998年下半年,茅台再次从内部选了30余名营销人员,前往全国6个销售片区。至此,茅台的营销网络架构更加稳固,在市场中也开始逐渐从被动转为主动。

"黄金十年"的跨越式发展

2003年至2012年,是白酒行业内公认的"黄金十年"。

白酒行业的黄金十年与国内宏观经济向好的态势紧密相关。这十年里,中国赶超日本,成为世界第二大经济体。

白酒产业乘上了国家经济发展的东风。中国白酒产量从2003年的331.4吨提升至2012年的1 153.2吨,中国的白酒销售收入与利润也保持高速增长。

这一时期,白酒行业市场竞争前所未有。为占领市场,以茅台、五粮液等为代表的高端白酒在品质与价格上发力,通过良好的品牌认知在消费者心中占据一席之地;以洋河、汾酒等为代表的中端白酒依靠当地政策优势快速崛起。其余中小型白酒企业在此期间也因享受到行业发展的红利而迅速成长。

茅台进入了飞速发展的时期。自2005年开始,茅台销量便与五粮液持平。同时，终端价格不断上涨，推动着茅台提价。2008年，茅台出厂价首次反超五粮液，行业定价权逐步发生转移。

中国经济飞速发展的十年里，茅台一方面迎头赶上机遇，另一方面紧抓促进自身成长，最终实现了跨越式发展。

消费升级与高质量转型

2012年，白酒行业"黄金十年"结束。数据显示，2012年至2015年，受政策调整的影响，之前占行业消费总量40%的公务消费，呈陡降之态。

这场寒冬改变了中国高端白酒的消费结构。依靠公务消费拉动需求的时代已经过去，大众高端、次高端白酒的需求已然崛起，品牌能力与渠道能力成为酒企的重要支撑。2017年，党的十九大报告指出："我国经济已由高速增长阶段转向高质量发展阶段。"与高质量发展相呼应的，正是消费升级。改革开放以后，我国消费水平不断提升。麦肯锡在2016年发布报告称，中国的消费形态已经发生变化——人们更加重视生活品质及体验的消费支出。

在此背景下，高品质产品更受消费者青睐。聚焦白酒行业，以茅台为代表的高端产品顺应时代潮流，坚持高质量发展、大踏步前进，不断强化实力。在这一阶段，茅台不仅度过寒冬，还在营收上正式超过五粮液，2013年至今一直位居白酒行业第一。在时代进步中，茅台挖深了自身的护城河。

跳起来摘桃子

从粒粒红缨子高粱，变成消费者口中滴滴醇香的美酒，至少需要5年时间。

对于企业而言，5年是什么概念？

一般来说，中国中小企业的平均存活时间只有两年半，存活5年以上的不到7%。这意味着，许多中小企业的生存时间，甚至比不过一瓶茅台酒从生产到上市的时间。

对茅台而言，5年，同样极具深意。无论酒要5年上市，还是企业的5年蜕变，这一时间跨度蕴含着企业惊人的发展速度。其背后，是茅台的精神状态，是跳起来摘桃子的干劲与活力。

茅台的行进之路上，跨越是显著的注脚。将时间的长卷摊开，以茅台的发展目标为时间节点，有这样几组数据让人印象深刻：破1万吨，45年；破2万吨，5年；破3万吨，3年；破4万吨，6年；破5万吨，3年。

从缓慢前行，到加速奔跑，这是一段饱含拼搏热血的奋进之路。1953年，在成义烧房、荣和烧房、恒兴烧房合并为茅台酒厂时，酒厂产量仅为72吨。四年后，茅台酒产量增长近3倍，达283吨。

1958年3月，茅台人埋下了"茅台酒年产万吨"的种子，站在当时年产量不足300吨的起点上，他们还不清楚这颗种子的长成需要45年。但是，跳起来摘桃子的意识，已经根植在这家企业的基因中。

改革开放的春风拂过，1978年，茅台酒首次破千吨，并且结束了长达16年的亏损局面。2003年，非典型性肺炎（简称非典）在全国爆发，给各行各业造成巨大冲击。这一年，茅台在上下一心战胜非典之际，还进一步加强管理创新和制度创新，在与众多优秀企业的角逐中脱颖而出，荣获"全国质量管理奖"。也是在这一年，茅台酒终于突破1万吨，实现了多年来的发展目标。

45年时间里，茅台人积蓄力量，不断爬坡，虽有挫折却从未止步。这种赓续不断的精神，正如茅台酒传承悠久的工艺，成为激励企业不断前行的力量。

2008年，茅台酒产量突破2万吨。从45年突破1万吨，到5年时间再次增加万吨，时间被极致压缩，显示出一个企业的无穷爆发力。此后，茅台的跨越式发展体现得淋漓尽致：2011年，茅台酒产量破3万吨；2017年破4万吨；到了2020年，茅台酒的产量则突破了5万吨。

与此同时，另一组数据同样让人看到了茅台的发展节奏——销售收入。1989年，茅台年销售收入破1亿元；1999年，年销售收入破10亿元；2008年，年销售收入破100亿元；2019年，年销售收入破1 000亿元。整体而言，茅台基本按照每10年增加"一个零"的速度在发展，找到了属于自己的战略节奏。

实际上，早在2012年，茅台便首次提到了千亿茅台的目

标：争取 2013 年集团收入提前两年实现 500 亿元，到 2017 年提前三年实现 1 000 亿元的目标。

在这样一个跨越式发展的时间段里，茅台的底气和自信显露无遗。

千亿目标，成为彼时茅台的下一个里程碑。当然，在不断靠近摘桃目标的路上，茅台也在适当调整策略，尤其是在行业深度调整期带来的巨大冲击面前。

2012 年以来，白酒行业遭遇巨大"地震"，历时 10 年的白酒行业黄金时代也因此告一段落。数据显示，到 2014 年 10 月底，在全国 11 个酒类上市公司中，8 个业绩下滑，3 个出现亏损。在全国 1 497 家规模以上的白酒企业中，亏损企业占 8%。[一]

2013 年，茅台股份第一季度季报显示收入为 71.7 亿元，同比增速比 2012 年第一季度降低了约 23.5%。同时，预收款由年初的 50.9 亿元大幅下降至 2013 年 3 月的 28.7 亿元。2013 年五粮液酒类产品的营业收入同比降低 9.27%，与 2012 年 41.41% 的增速相比呈现断崖式下滑。

尽管行业惨淡，茅台酒零售价下跌，但茅台始终坚持出厂价不变，并采取多种措施从逆境中崛起。比如，调整营销策略——让茅台由高端消费转变为大众消费，激发大众市场消费潜力。从 2013 年 4 月开始，53 度飞天茅台酒的销售逐步回暖，

[一] 王金雨，吴雨琦，穆妮热·赛麦提，等.贵州茅台 SWOT 分析 [J].科技视界，2020（04）.

市场份额快速增加，影响力不断增强。

从行业深度调整期突围后，2018年年度工作会上，茅台又重新开始谈论一个火热的数字：1 000亿元。此前，集团销售收入实现1 000亿元似乎是个高不可攀的目标，但现在茅台已经具备跨越的实力。而提前实现千亿元目标，已成为大概率事件。

2001年上市以来，以营业收入计算，茅台的年增速几乎都是两位数，其中2007年、2011年、2012年的增长率更是分别高达47.6%、58.19%、43.76%。其跨越式发展的态势，一度被行业称为"茅台现象"。

时间来到2017年，历史性的一幕到来。茅台股价冲至394元/股，总市值4 949亿元。这是茅台首次超过帝亚吉欧，成为全球市值第一的烈性酒公司。2018年1月15日，茅台市值突破万亿元。

2019年12月，随着茅台集团当年销售额达到1003亿元，中国酒业史上首家千亿级企业正式诞生。至此，营收破千亿、股票破千元、市值破万亿的历史性时刻到来。这意味着茅台这个极具中国传统特色的民族品牌，已经具备了对标世界一流企业的能力。

做足酒文章，扩大酒天地

成功晋级千亿企业的茅台，不仅成为行业的风向标，还大

大拓宽了中国白酒行业的发展空间。同时，一个显著的事实摆在眼前：白酒行业白热化竞争的背后，是产品品质、文化与品牌的博弈。正是如此，茅台始终强调做足酒文章，扩大酒天地。

早在1985年，茅台便制订了"做好酒的文章，走出酒的天地"的发展战略规划。2001年，恰逢茅台建厂50周年之际，公司对过去进行了反思，亦对未来进行了展望，最终得出一个结论：作为一家酒企，酒文章做得还不够。

所谓"酒文章"，实际上就是茅台发展始终聚焦于酒。这是茅台的主业，更是茅台的生命线。这一时期，茅台已经成功研发出低度酒、陈年酒，并向市场投放了53度茅台王子酒、43度茅台迎宾酒等。同时，茅台开始从"做好酒文章"向"做足酒文章"转变。

对酒文章的强调，既是基于主业发展的要求，同时也体现了茅台坚持"崇本守道、坚守工艺、贮足陈酿、不卖新酒"的质量理念。而质量是茅台发展的重要基础，是做足酒文章，扩大酒天地的重要保障。

1951年建厂以来，茅台历史上曾有过两次质量危机。

1954年，茅台酒厂响应国家号召，开展以增产节约为中心的社会主义劳动竞赛运动。当时，在"沙子磨细点，一年四季都产酒"的口号影响下，茅台酒的传统工艺遭到了破坏。是年，在片面追求产量的思想影响下，茅台酒质量下降，受到了上级的批评。

1960年冬，在当时的历史背景下，茅台酒厂提出了"突破千斤甑，闯过千吨关"的口号。这一年，茅台酒的产量达到912吨高峰，然而合格率仅仅为12%，这意味着将近800吨的酒都不达标。

自建厂之初，茅台便一直将质量当作自己的底线。当年毛主席提出将茅台酒搞上一万吨时，也特意强调："当然要在保证质量的前提下。"⊖ 而两次质量危机，则更让茅台人深刻意识到质量的重要性。

20世纪70年代发生过一件事，包装车间将一批5 000瓶的成品酒包装完毕，然而检验中心在抽查时，发现一瓶茅台酒有异物。面对这种情况，如果返工，浪费很大；如果不返工，其他酒瓶内若有异物，是对消费者的不负责。这一时期，厂内规定，"在产量和质量发生矛盾的时候，保证质量；在质量和效益发生矛盾的时候，保证质量"。最终，茅台返工5 000瓶酒，以实际行动捍卫质量意识。如今，几十年过去，茅台仍在贯彻这一宗旨。

在坚持以质求存的前提下，茅台立足酒这一主业，不断塑造自身酒品牌。

一方面，作为贵州白酒业的代表，茅台的发展与壮大，基本来自酒。另一方面，茅台的品牌声誉，也植根于酒。做好酒文章，是茅台发展的生命线，也是茅台需要牢固坚守的主阵地。

⊖ 季克良等.季克良：我与茅台五十年[M].贵阳：贵州人民出版社，2017.

2014年，茅台集团在经销商大会上提出"133战略"。即倾力打造一个世界级核心品牌——贵州茅台酒，打造3个全国性战略品牌——茅台王子酒、茅台迎宾酒、赖茅，同时，打造3个区域性重点品牌——汉酱、仁酒、贵州大曲。

2014年，茅台规划将旗下的酱香系列酒与集团主品牌茅台酒拆分，单独成立公司运作系列酒。在此背景下，贵州茅台酱香酒营销有限公司（后称酱香酒公司）应运而生。

实际上，茅台的系列酒布局，在更早之前就已开始。1992年，在改革开放的浪潮下，消费品行业市场化改革的进程进一步加快，全国各地继续放开名酒价格。五粮液、古井、洋河等浓香酒企抓住机会，通过坚持涨价策略和创新品牌运作模式，在全国市场上一路大步前行。

这一时期，是浓香酒的天下。身为酱香酒企代表的茅台，基于培育自己的消费者等因素考虑，开始布局系列酒。1999年，茅台成功研发出53度茅台王子酒，并投放市场。2000年至2004年，茅台根据市场需求，先后研发出了46度茅台王子酒、39度茅台王子酒、53度茅台迎宾酒、43度茅台迎宾酒、38度茅台迎宾酒等。

茅台经过3年左右的时间，完善了茅台王子系列酒、茅台迎宾系列酒和其他系列酒的酒体，最终形成了各个系列的高、中、低档，酒精度高、中、低度的产品结构框架。茅台相信，一批消费者从较为低端的系列酒开始接触酱香酒，待消费能力提升之后，自然会成为茅台酒的忠实消费者。

酱香酒公司成立不久后，赖茅、贵州大曲重启上线。慢慢地，以茅台酒为核心的"航空母舰集群"成形。同时，在面临产品结构冗杂之际，酱香酒公司于2017年开始对产品与品牌进行瘦身，对产品结构进行调整，坚持做足大单品，增加中端产品，减少低端产品。

最终取得的成效非常显著。从2017年至2019年，酱香酒系列产量维持在3万吨，年度营收逐年递增。从65亿元到90亿元，再到2019年12月，酱香系列酒销售收入达到101.68亿元。阶梯式递进的发展脉络背后，是酱香酒公司提前一个月实现了跨越百亿的目标。

高质量发展，大踏步前进

2020年，白酒行业完成了"克服困难、继续增长"的艰巨任务。规模以上白酒企业完成销售收入5 836.39亿元，同比增长3.89%；实现利润总额1 585.41亿元，同比增长13.35%。其中，茅台在利润方面实现了较大提升。

这一年，头部酒企大大强化了自身发展优势，并拉大了竞争差距。这种竞争态势，推动了白酒行业的高质量发展格局的形成。与此同时，千亿元之后，茅台如何继续跳舞？高质量发展，大踏步前进便是关键词。

2017年，党的十九大报告指出：我国经济已由高速增长阶段转向高质量发展阶段，正处在转变发展方式、优化经济结构、转换增长动力的攻关期。

《2020全球财富报告》显示，中国虽受到新冠肺炎疫情影响，但专家估计中国人均财富在2020年上半年仍然将增长4.1%，而且2020年下半年和2021年仍将持续增长。[一]2019年，中国百万富翁（美元）人数正在快速增加，达约440万人。[二]

消费升级，是时代发展的趋势。实际上，对白酒行业而言，香型的转变，印证的正是消费能力的提升。在计划经济时代，国家处于粮食紧缺的状态中，而白酒酿造又需要大量的粮食，白酒行业处于被严格限制的状态。因此这一时期，清香型白酒凭借粮食消耗少、生产周期短、出酒率高的特点，迅速引领市场。数据显示，1980年，清香型白酒的产量已经占行业总量的70%左右。这一时期的汾酒在行业独领风骚，成为第一个销售额破亿元、利润破千万元的酒企。

1978年，改革开放的春风拂过。之后，农村家庭联产承包责任制的实施，激发了劳动人民的积极性，粮食实现了大幅增产。在此背景下，清香型白酒的工艺优势不再明显，浓香型白酒逐渐引领市场。数据显示，2000年之后，浓香型白酒销售数

[一] 摘自无问东西《〈2020全球财富报告〉中的3个数据》。

[二] 摘自《中国经济周刊》的文章《440万人！中国百万富翁人数仅次美国，全球第二》。

量占行业总量70%以上。

2017年，经历行业调整期之后，茅台强势复苏，并在白酒市场上掀起了一股酱香热。这一时期，消费升级的趋势，给酱香酒的发展吹起了一股东风。酱香酒生产需要精选的原料、苛刻的产区、复杂的工艺及长周期的储存，这些都保证了其品质的上乘，而酱香酒的品质正好迎合了消费升级的需求。

与此同时，茅台也面临着一个问题。作为酱香酒领军企业，茅台在千亿元之后，如何在东风的加持之下更上一层楼？

高质量发展仍旧是答案。

一方面，茅台酒的产能释放速度减缓。另一方面，系列酒的优势正在凸显。显然，在品牌竞争时代，在酱香酒的热潮下，茅台作为白酒行业和酱香酒领域的龙头企业，即便产能到顶，系列酒"护卫舰"的作用也会持续发挥。在此过程中，不仅茅台股份会享受到酱香酒热和头部企业光芒的红利，茅台集团的子公司也会享受到品牌和酱香酒红利。

数据给出了直观结果。2018年，茅台集团旗下的习酒销售额达到56亿元。2020年，习酒实现了百亿元目标，整体销售额同比增长31.29%，提前超额完成年度目标任务，销售业绩突破历史新高。同时，茅台酱香系列酒实现含税销售额106亿元。

连续两年"破百"，成功站稳"百亿元台阶"，成为集团的重要支柱。新冠肺炎疫情爆发之后，"双百亿"的营收无疑给茅

台的稳定发展注入了一针强心剂。

疫情防控期间，茅台采取的迅速动作给行业传递了积极的信号。2020年2月17日，茅台集团便全面复工复产，成为业内首家全面复工的企业。很快，茅台在遵义和贵阳的自营门店也开门营业。

面对疫情，茅台提出了"计划不变、任务不减、指标不变、收入不降"的"四不"目标和"全力防控疫情、全面恢复生产、全面推进项目、全面做好帮扶"的"四全"口号。

此外，茅台启动的"三找"大讨论——找问题、找措施、找目标，成为茅台集团"基础建设年"的关键之举，此举进一步解决了在高速发展中被掩盖的问题，为集团及各子公司树立了发展信心。

2020年，茅台集团取得了优异的成绩，为"十三五"画上了圆满的句号，同时也为"十四五"奠定了良好的基础。在新的发展阶段，茅台将在"双翻番、双巩固、双打造"战略目标的引领下，继续在高质量发展道路上奔跑前进。

茅台在"十四五"期间将努力保持持续、稳健、长期的增长，努力将自身的创造力释放到最大，将茅台的贡献率提升到最大，将茅台的影响力拓展到最大。

对茅台而言，后千亿元时代的大幕已经开启。虽乘风破浪，但希冀永存。

人是创造的核心

人是重要生产力

夏季，高温。制酒车间内，晾堂热气氤氲，人置身其中，仿佛在蒸桑拿。此时，已经是中午11点，车间里的每个人犹如上紧的发条，正有条不紊地进行着上甑、摊晾等操作流程。

忽然，一阵警报声响起。一位工人一溜烟儿跑去接酒处，解决了暂时的异响。车间酒师邓维说："接尾酒时，稍不注意酒就会漫出来，自动报警器可以提醒我们。"

在生产环节，工人们会迸发出无穷的创意与解决方案，自动报警器只是其中之一。作为创造的核心，人发明了茅台发展的"车轮"。从制曲到制酒，再到勾兑、包装，最靠近生产的人，最懂得创新创造。

在茅台酒厂不断发展的过程中，稳定质量一直是重点。然而，因茅台酒酿造环节的变量多，质量把控曾是过去很长一段时间内的难点。20世纪80年代的冬天，二次酒掉排问题一度困

扰着全厂职工。

20世纪80年代，二车间（习惯称"窝子头"）生产房

一次偶然的机会，季克良发现有一个车间的二轮次酒比其他车间都好。询问得知，该车间晚了两天才完成工作，正在挨批评。得知这一消息，季克良茅塞顿开，原来问题的关键就在于"晚"这个字。茅台酒的酿造与微生物关系紧密。二轮次取酒正是冬天，气温低，空气中微生物数量少且不活跃。酒糟中的微生物种类数量不平衡，微生物之间的"接力赛"没有做好。

这时，放慢节奏，给予微生物更多的生长时间，才是遵循其生长状态的正确做法。于是，季克良调整车间二轮次取酒的生产时间。工人由一周工作六天改为五天。同时，每周只烤两个发酵窖。调整后，二轮次酒的产量提升了7%～8%，质量也随之上升。

季克良在《季克良：我与茅台五十年》中总结道："需要'下去'，广开言路。这不仅是发现问题、解决问题，更重要的是群众中还隐藏了不少好东西。"其实，这也揭示了，人作为创造力的核心，其观察与思考有时会对生产起到积极的作用。

如今，在生产一线，凝聚着许多员工的创造与巧思。在制酒十六车间，退伍军人杜贵红的班组在工作中发明了一种称为平窖铲的工具。

因为在茅台窖池的上、中、下三层位置的糟醅的温度、酸度、水分、糖分及微生物的数量、种类、变化不同，生成的香气、香味物质也有差别，造成烤取的酒的风格也有所不同，分型、分层取酒有利于获得风格特征明显的基酒。

因此，在基酒酿造过程中，需要将窖池内的糟醅分型、分层进行烤取。但由于行车抱斗的形状，导致抓取糟醅时无法将同一层糟醅全部抓取。所以，一直以来都需要人工将抱斗无法抓取的窖内糟醅进行平整，以便于抱斗进行抓取。这种流程称为平窖操作。

杜贵红班组为处理四周紧挨窖壁的糟醅问题，发明了平窖铲。这是一种可以使工人直接站在窖外，对窖壁酒糟进行铲除的工具，平窖铲的长度还可根据窖坑深浅进行调节。这一发明减少了传统平窖作业入窖操作遭受窖潮⊖的安全风险,提高了工作效率。

制酒二十二车间18班管窖工曾勇研发了新型窖池开窖工具——一根可双手握持的不锈钢杆,顶端是由螺丝固定的刀片。过去,开窖时经常出现因用力太大将窖泥带入酒醅,影响酒质的情况,而这样的工具刚好可以解决这个难题。

长年奋斗在生产一线的制酒二十一车间人员梁宗保在实践中也积累了丰富的经验。凭借这些经验,他创新性地提出"间歇式上堆法""五点上甑法"等生产方法,有效解决了上甑过程中容易产生的酸高问题,并且大大提高了制酒工人掌握上甑技巧的速度。

制酒八车间党支部副书记刘庆中在生产一线工作时,对基层员工生产的辛劳有切身体会。他想通过所学的知识为制酒工人研发一套系统,帮助他们减轻工作负荷。经过反复设计和多次试运行,基酒生产尾酒输送一体化系统被成功研发,并正式投入使用,使工人的工作更加轻松。

在茅台,每一个对工艺进行深思的人,都是企业重要的生产力。一代又一代善于思考的茅台人,共同构筑了企业生存发展的基石。

⊖ 窖潮:生产安全术语,指窖坑内偶尔产生的一氧化碳毒气。

始终艰苦奋斗

在不同的时代背景下,茅台的发展情况有所不同。20世纪五六十年代,茅台酒厂生产、生活条件都十分艰苦。员工文化水平不高,且大多是半工半农。

当时,厂房还是俗称"千根木头落地"的青瓦屋面大棚。厂里的办公室也基本是土墙搭木头结构,有的甚至用废弃的酒瓶子堆砌成墙,然后在墙上涂上黄泥,部分屋顶盖的是杉树皮和油毛毡。整个厂里连间像样的厕所都没有,工人洗澡就用取酒后的天锅水站在酒池里冲洗。就像老酒师王映发所说:"那时候,上完班后也没有澡堂洗澡,条件很艰苦。"

所有事情都需要员工自力更生,自行去解决。酿酒的高粱和小麦需要员工到数十里之外的三合乡、合马乡、五马乡、鲁班乡、大坝乡等地背回来,有时员工甚至还会去近百里远的习水、金沙等县城背运。

在酿酒环节,条件也很艰苦。全厂没有供水系统,即使是寒冬腊月,员工仍要下河挑水烤酒。因为员工长年穿的是草鞋,所以双脚经常被冻得裂开。到了炎热的夏季,厂里没有通风设备,员工只能赤着脚,在热气腾腾的酒糟中翻掀打糙,同时还要往燃烧的灶膛里添加煤块。

"那时的生产用水一部分是生产房前的溪水,溪水是从山上用竹竿一节一节引流而来的,不够用,就要下坡到河里去挑。当时的酒甑是750斤一甑,烧煤火,土甑烤酒,两个人上甑,

下甑打糙摊晾后,就去河边挑水。天锅里的水有一个人专门负责,不能让锅里的水太热,热了就要马上加冷水,不像现在这样现代化。当时上班从夜里2点开始,两人起来生火、甩糟,然后再叫其他人起床开始生产,上班时间基本上都在12小时以上。"

"当时没有马路,到一车间只有一条小路。三车间投产后,曲母、母糟都用背篼从一车间背过去,当时我们每天上班12个小时后,每人还要背200斤曲子,走小路运去支援三车间的生产。每天烤的酒也要背去交,当时没有小库房放酒,生产房为木结构、小青瓦,房子很矮,有的地方用手就可以摸到。烧酒用土灶,工人要从煤房背煤烤酒,磨粮用马来拉磨。"老酒师王映发回忆起以前上班的日子,依然记忆犹新,那些场景仿佛昨天才刚刚出现过。

为了让酒厂更快发展,工厂领导干部以身作则,与工人同吃同住,鼓励大家自力更生,发扬艰苦奋斗的精神。老勾兑师王道远说道:"那时的车间领导是不脱产的,他们和员工一样,需要下厂劳作。"

为改善酒厂条件,实现酒厂扩产增能,茅台人做出了很多尝试。特别是中国迈上改革之路、向市场经济转型时,茅台人更是奔跑在改革的路上。

对于很多人来讲,每天坐在实验室里很是枯燥乏味,但对茅台的科研人员卢建军来说,每日与菌群相伴给他带来了无穷的快乐。为观察菌落的变化情况,他每天都要在显微镜下观察,显微镜已成了他生命中不可缺少的一部分。卢建军接受"茅台时空"采访时说:"小小的菌种改变,就可能影响到茅台酒口味的变化,这怎能不让人觉得刺激呢?"所以,"对待菌落,要像对待孩子一样,要有120%的耐心、细心和爱心。"这是卢建军进入茅台后最深刻的感悟。

作为首席(制曲)酿造师,任金素一直任劳任怨地在自己的岗位上挥洒着汗水。在工作中,任金素坚持把质量放在首位。她善于分析总结,提出了20多项提高大曲质量的建议和措施,并最终被公司广泛采纳应用。

除了做好制曲工作,任金素还坚持为公司培养人才,不仅收了30多名徒弟,还利用"劳模技能创新工作室"为公司各个部门输送优秀人才。在培养徒弟的过程中,她注重培养徒弟的生产工艺技能,培养其发现问题、分析问题、解决问题的能力,并教育徒弟踏实本分做人。

任金素认为,做人与酿酒都是一个道理,只有踏实本分做好每个细节,才能酿出好酒、美酒。在茅台集团,任金素非常受人尊敬,年轻员工亲切地称呼她为"任妈"。

炎热夏日,茅台镇的街上少有人烟,路边的草木也早已失去了生机。而在茅台制酒六车间,却是一派热闹之景,一场上甑比赛正在进行。空气似乎已经凝固,每个人都在屏息以待,就像即将上战场的士兵,只待一声令下,便冲入敌阵。

一声哨响,第一轮的上甑摘酒选手便立即动了起来。他们的动作如敏捷的猎豹,迅速将酒糟装入竹筐,然后转运到酒甑

中,开始烤酒。

据估计,一竹筐酒糟重约二三十斤。而烤出一甑酒,需要一百多竹筐酒糟。在闷热的环境中上好一甑酒对选手而言是一个极大的挑战。他们不仅需要保持心态平和,还要有足够的体能。不仅如此,上甑者还要随时观察酒甑中酒糟的均匀度、平整度等,以防止酒汽跑掉,从而影响酒的出酒率。

比赛场上,选手们赤着脚,不停地走动着。粗壮的胳膊青筋毕露,双手上的竹筐不断地转换着。即使豆大的汗珠滴落下来,他们也顾不上擦拭,只专注铲入、倒出,再铲入、再倒出……在茅台,工会组织的上甑摘酒劳动竞赛每年都是集团里的重头戏。比赛不仅仅是同事之间的竞争与交流,也是茅台员工对茅台炽热情怀的表达,展现出茅台人无限的活力。

在茅台员工心中,上甑即"上阵"。它不仅关乎个人输赢,更关乎酿酒工艺的传承。正如时任制酒二十一车间主任梁宗保所说:"'生香靠发酵,提香靠蒸馏',上甑是实现'丰产丰收、提质增量'的必经路径。制酒人员要不断提高工艺技能,弘扬工匠精神,传承和发扬传统工艺,争做酿酒达人。"在上甑摘酒劳动竞赛中,茅台员工的活力得以充分展现。

不同时期的茅台人,体现出了不同的创造力。也正是因为茅台人的活力始终存在,茅台才会不断发展,迈向一个又一个发展高位。

每个人都要去一线

近年来,茅台一线生产岗位新增了很多有知识、有见解的年轻人。但茅台的一贯要求是,不管什么学历、什么背景,新进入茅台的员工都要到生产一线历练,时间为几个月到几年不等。

外界曾质疑茅台的用人策略,认为让高校学生到一线车间干体力活是典型的大材小用。实际上,真正理解了茅台人对质量的坚守与苛求后,就不难明白茅台这一用人策略的深意。

现代社会中,很多人对"体力活"有误解,认为干体力活似乎就不需要思考。显然,这是一种片面的看法。对于茅台这样一家以传统工艺为基础的酒企而言,如果一线工人不理解工艺操作要点、不懂酿造科学,仅凭感觉来做,是难以保证质量稳定如一的。

茅台是以生产为核心的企业,任何职能部门都要了解生产。随着时代发展,茅台对一线员工提出了更高的要求。他们不仅要有良好的理解能力,更要有良好的创造能力。

以最基本也是最关键的制酒为例,员工要熟悉整个制酒流程,且要掌握好酒糟的温度、微生物的生存环境变化、蒸馏酒的情况及学会使用工具、设备、企业信息化管理系统等。待熟悉工艺且有一定时间积累之后,员工又会提出创造性建议,为生产赋能。

引进高校人才，让其到一线生产锻炼，已经成为茅台培养人才的重要法则。长久以来，茅台认为新进入公司的员工，不管是去什么岗位，如果不去一线了解茅台的酿酒工艺，就没办法做好工作、干好事情。本质上，这一切都与质量挂钩。

管理人员如果不懂生产，便无法与一线员工深入沟通，无法保证车间产质量稳定。正所谓"纸上得来终觉浅，绝知此事要躬行"，茅台将新员工安排至一线，不仅可以让员工了解生产工艺，感知传承的魅力，还可以让员工意识到环环相扣的工艺背后无一不体现着茅台人对质量的严苛把控。这是一场身临其境的教学，可以让年轻人快速成长。

2018年，通过校园招聘进入茅台的研究生管靖玮，成为生产管理部的工艺员。按照茅台惯例，新入职的工艺员，必须在生产一线锻炼至少一年。因此，她来到制曲一车间当制曲工人。从踩曲开始，她亲自去感受小麦变成曲块的奇妙过程。老员工告诉她，一块曲需要踩60步，每一步看似重复，实则都是为曲块的质变积蓄力量，因此丝毫马虎不得。人工踩曲，劳动强度非常大。许多员工都提到，每天下班回去后，整个身体都伴随着酸痛感。

经历过实实在在的一线锻炼后，管靖玮说，茅台的酿造工艺太博大精深了，值得她花费一辈子的时间去琢磨。并且很多知识都是书本上学不到的，比如曲面的湿度、曲块的温度把

控，都需要自己亲身体验。㊀

在许多茅台员工看来，到制酒车间锻炼是一次值得珍惜的实践机会，对自己的职业生涯而言，也是一笔宝贵的财富。

不仅是新入职的员工，茅台的管理岗人员、技术人员等每隔一段时间，也要去车间跟班学习，以便亲身观察和体验，做出更精确、更科学的分析研究，提升茅台酒的质量。

如今，茅台生产一线有了越来越多的高校人才。更多的匠工能人被培养出来，为茅台成为具有世界影响力的企业奠定了坚实的人才基础。同时，引进人才并让其到一线锻炼，也为茅台酒质量稳定把控、质量体系创新奠定了重要基础。

茅台以海纳百川的姿态吸引人才，坚持推动"人才强企"战略，构建多元人才体系，力争把茅台打造成白酒行业的"智高点"。

当越来越多的机器成为车间里的主角时，茅台仍坚持以人为本。在生产车间，既有经验丰富的工匠大师，又有来自高校的学生。在这里，只要踏实肯干，一切皆有可能，茅台为所有人提供了实现自我价值的平台。

展望未来，茅台员工信心满满，大家干事创业的激情不断，这增强了茅台的内生活力，为茅台奋进"十四五"征程植

㊀ 李勋，陈颖.贵州茅台：人才强企铸就民族品牌[N].贵州日报，2021-07-28(14).

入了力量。

匠心传承

工艺传承或精神传承，最终的落脚点都是人。一代大师退出历史舞台后，下一代茅台人能否承担重任？今天，茅台人会自信地回答——能！这一底气背后，是几代人一步一个脚印奠定的深厚基础。

自建厂以来，茅台一直致力于培养下一代茅台人，以确保工艺传承。其中，师带徒作为我国传统的教育模式，对工艺传承具有重要作用。

早在1953年，茅台酒厂便首提"师徒合同"制。当时共有三对师徒：老师郑义兴与徒弟李兴发，老师王绍彬与徒弟许明德，老师郑军科与徒弟彭朝亮。

合同条文明晰：对于老师，要求将一切有关酿造茅台酒的技术毫不保留地全部告知徒弟，多说多谈，确保徒弟学懂、学会、学精、学深，能做到单独操作。并且，老师要爱护徒弟。对于徒弟，作为技艺的传承者，必须虚心向老师学习全部技术，要学懂、学会、学深，单独掌握技艺后，仍要尊重老师。

学习内容涉及整个酿造环节，包含发原料水、蒸粮、摊晾等。同时，学习时间规定为两年。在两年时间内，老师倾囊相授，徒弟全力学习。

这一举动无疑开启了茅台工艺传承体系的先河。过去私密保守的工艺因师徒关系的确立得到了体系化的传承，一种开放的风气开始形成。

其间，郑义兴将五代家传酿造技术及自己近三十年积累的酿造经验进行了整理。当时，以郑义兴为代表的三大"郑家酒师"，是茅台酒酿造技术的重要支撑。

以郑义兴为代表的这一代人的开放思想，在很大程度上影响了整个酒厂的传承风格。为奖励郑义兴所做出的贡献，1958年，上级批准郑义兴连升工资三级，奖励皮大衣一件。

开放包容的风气，改变了过往家族传承的封闭习气。人们拜师学艺，兴起了一股热潮。1958年，全厂有19名老酒师收授徒弟，92名技术工人拜师学艺。

当时的礼仪颇为讲究。老酒师王时雍提道："收徒时要签约，双方要签字，徒弟要给师傅准备面、鸡蛋、糖果，要举行仪式，徒弟还要给师傅磕头。"

但是，1959年之后，师徒制便告一段落，直到1978年才重新恢复。

1975年进入茅台酒厂工作、如今已退休的老领导张世华提到，当时采用一对一的传承方式，但"徒弟能否出师，缺乏一个科学的考核评价体系"。此外，一对一的方式更多体现为"父传子"。在某种程度上，保守与隐秘，重新成为工人有关技艺传

承的理念。

在严钢的记忆中,在20世纪80年代进厂工作时,老师傅对技艺的保守尤为明显。"我一直偷师学艺,看老师傅怎么操作。我自己偷偷地买了一个笔记本,因为茅台酒生产和气候条件、操作环境是环环相扣的,我就记细节,包括温度、工艺,记每天的数字。"

直到2005年,一切才逐渐改变。当年,茅台集团下发《关于"师带徒"活动的通知》,2008年,茅台集团实施《"师带徒"管理办法》。一种有意识的人才培养方式,正在重新形成。

尤其在2016年,《关于进一步加强"师带徒"工作的意见》等系列文件的出台,让不少人感受到公司对"师带徒"的重视。勾兑大师骆国萍提到,以前就是师傅在班组里找人才,发现好苗子就着重培养,整体还是车间层面的活动。现在,为更好地传承茅台工艺,公司大力倡导师带徒,更大程度地提高了员工的认知水平。"传、帮、带"成为车间最为常见的情景,还演变出了体系化的教学方式。

勾兑大师王刚是父传子的典型代表。1992年,他通过内招进入茅台,跟随父亲学习勾兑技艺。他回忆道:"当时就是言传身教,现在我们教徒弟勾兑工艺,都是从理论到实践,全方位教学。"理论,是指理论课程学习。这是老师相互琢磨、打造出的一套教学课件。通常,徒弟要耗费半年时间学习理论,夯实基础。

与过去一样,"师带徒"仍旧要遵循双方的意愿,并举办仪式。一般而言,进入"师带徒"体系的徒弟,在晋升方面更有优势。公司在自上而下打造的一种良好学习氛围的基础上,为员工创造了一种上升渠道。正如一位酒师提到的:"只要有通道就有希望。"这也在更大范围内激发了员工拜师学艺的积极性。

实际上,师带徒只是茅台人才培养"八步"中的一步。从入职培训、岗位练兵、技能认定、"师带徒",到骨干培训、金牌班(组)长、茅台工匠、技术职务,步步高升,不断晋级,构成了工匠锻造的八个步骤。

此外,公司还鼓励员工参加各种技能大赛,以提升能力。2020年8月,在贵州省技能大赛中,在32名获奖人员中茅台集团占了26席,包揽了品评、勾调和制曲三个项目的前三名。9月底,在贵州省评委换届考试暨第四届全国白酒品评职业技能竞赛中,前20名中茅台集团占了19席,揽获第一、二、三等奖。

2020年,茅台集团党委研究决定,今后经公司聘任的首席大师采用终身制。首先,首席大师退休后,会留影印模,放在对外展示的重要平台上,让来到茅台的人都能看到首席大师的身影。其次,颁发终身荣誉证书。首席大师对精耕细作、精益求精做到了极致,享有终身荣誉称号。再次,返聘首席大师作为技术攻关顾问,继续指导公司产质量工作。最后,优先入驻大师工作室。如此种种,都体现了茅台对工匠的尊重。

基于以上措施,茅台系统地形成了推动人才建设和茅台酒

工艺传承创新的体系与风气。博士后工作站及茅台学院、茅台研究院的相继成立,为技术型、专业型人才的培养搭建了平台。

　　人才是企业发展的核心。从过去到现在,从师徒制到大师工作室,对工匠尊重的基因流淌在茅台身上,成为一代又一代工艺传承的重要力量。

03

五大
创造图景

定力和张力，正如太极两仪，共同形成了企业抵御风浪的底气。其中，定力，是执着如一、坚定不移。张力，则是企业打造的能力。一直以来，茅台在从容生长的过程中，迸发出了无穷的创造力。茅台创造了什么？茅台创造力从何表现？以图景式的方式概括，工艺、营销、质量、文化和科技这五大方面集中体现了茅台的创造力。

在徐徐展开的创造图景上，茅台书写了自己的命运，描绘了中国酒业走过的荣耀征程，诉说着中国民族企业振兴国民经济发展的光辉历史。

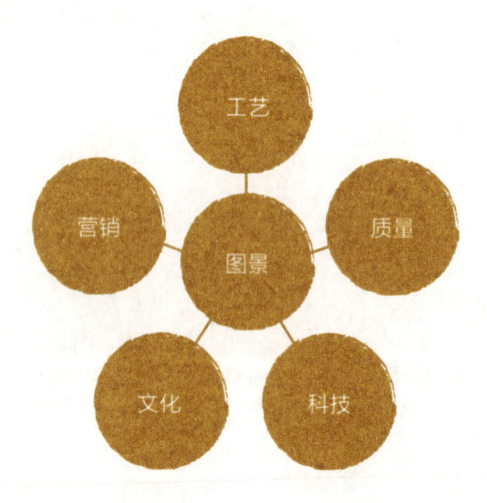

工艺的演进与独创

三次科学总结

茅台酒的发展源于秦汉，熟于唐宋，精于明清，尊于当代。茅台酒的酿造工艺，是历代茅台酿造工人不断总结的结晶，也是顺应特定地理气候条件的产物。

不过，自1951年国营茅台酒厂建立后，茅台酒的酿造工艺才从"蛮荒"走向"文明"。过去长期依靠口传身授的历史，才逐渐告一段落。

这是一个不断开拓、发现和尝试的过程。

总体看来，茅台酒的生产工艺至少有过三次科学总结。

第一次是20世纪50年代的对茅台酒生产工艺进行初步工艺查定。这是打破口口相传的传承方式、以文字形式进行的首次总结，具有开山河的首创地位。

工艺查定为古老的酿酒生产带来了革命性变化。1956年10月，由省工业厅、省工业技术研究所组成的"恢复名酒质量工作组"进入茅台酒厂，与老酒师合作共同整理出茅台酒的生产工艺流程。在此过程中，茅台酒厂总结出茅台酒传统工艺的14项操作规程，同时全面恢复这些传统工艺，并制定出第一部《茅台酒标准》。

其间，茅台酒厂还加强了现场和酒窖管理，注意卫生条件并正确掌握温度的高低和发酵时间，注意养窖、养糟和堆积工作。在此之后，茅台酒的酿造工艺逐步向系统化、规范化转轨。

第二次是1959年至1960年，在轻工业部的组织领导下，"贵州茅台酒总结工作组"进入茅台酒厂。这是从历史研究、制曲、酿酒、成品酒等方面，对茅台酒传统酿造工艺进行的第一次全面系统发掘和总结。

这时，微生物成为人们研究的一个重要内容。科研人员开始研究茅台酒酿造过程中微生物生长及消亡的变化。通过车间现场记录、感官鉴定和取样分析，科研人员了解微生物的生理及其他变化，发掘其特点。同时，在保证不影响酒质的情况下，人们尝试改进人背肩挑的笨重体力劳动用具，为逐步实现半机械化、机械化生产打下基础。

此外，一些传统工艺也得到肯定和完善，如"疏松上甑法""密封管窖法"等。在此过程中，《贵州茅台酒整理总结报告》也得以出炉。这是自茅台酒生产以来第一部完整、系统的总结资料，对于茅台酒传统工艺的继承发展起到了重要作用。

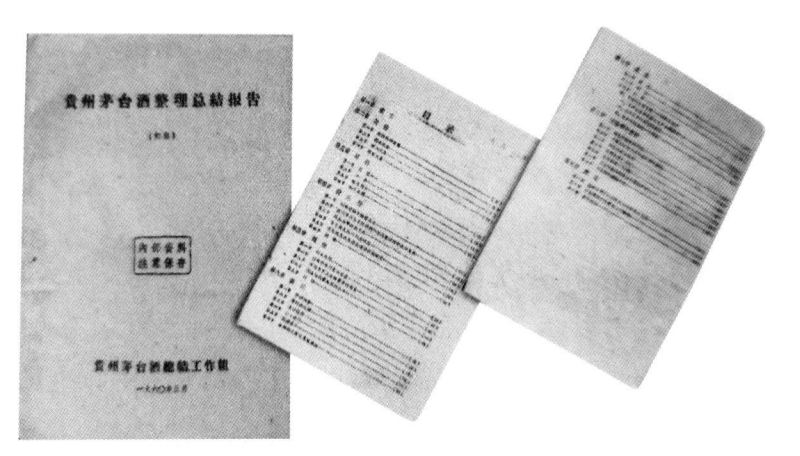

1960年《贵州茅台酒整理总结报告》

第三次则是20世纪60年代的两期试点。在一次非正式的评酒会上，因评酒方法不够科学等缘故，茅台酒的名酒地位受到了影响。

于是，1964年至1966年，国家轻工业部组织了两期"茅台试点"科研项目。这次试点经过两个生产周期，对工艺、贮存、微生物等进行了科研分析。在此过程中，科研人员获得了大量数据，解开了茅台酒质量的一些秘密，如初步分析出茅台酒中的59种香气成分。

这次试点还总结出了诸多成果，如茅台端午制曲、重阳下沙的生产是科学的，堆积发酵是茅台酒独特的操作工艺，茅台酒的浓度是合理的等。

此后,茅台的科学总结仍在继续。中国酿酒业泰斗秦含章曾在《名优白酒的成分香型和鉴定法》中提到,1967年,轻工业部发酵研究所和中国科学院大连化学物理研究所合作,对茅台酒的香味组分进行研究,可以定性检出的香味组分为50种,其中新发现了26种。

1975年,第五届全国名酒技术协作会在茅台酒厂召开。会上确定了茅台酒厂四个科研协作项目,分别是加速茅台酒老熟缩短贮存期的实验、不同贮存容器和质量的关系、茅台酒大曲微生物分离和茅台酒微量成分分析,以及茅台酒生产机械化的探讨和金属离子对茅台酒风格的影响。这些研究内容都是直接与生产紧密相关的。

总体而言,茅台酒的生产工艺探索,经历了一条漫长而艰辛的道路。茅台酒生产过程中变量极多,极其考验人对工艺的了解和随机应变的能力。因此,即便是经验颇丰的酒师,也不敢轻易下结论。

随着科技的不断进步,关于茅台酒的工艺总结仍在继续。虽然未知仍然存在,但拨开迷雾的研究不曾停止。

总结《茅台酒十四项操作要点》

对茅台酒的传统操作方法的追溯,因历史久远和时代局限,如今已经找不到文字记录。过去,人们在口口相传中坚守一门手艺；茅台酒厂成立后，有关工艺操作的总结逐步提上日程。随着《茅台酒十四项操作要点》的落地，茅台酒酿造的工艺有了体系支撑，朝着科学化、标准化、规范化的方向迈进，用理论更好地指导工艺操作。

三家烧房时期，工艺的传承通常是师傅演示，徒弟跟在其身后研究、琢磨。在此过程中，因个体领悟能力不同，掌握的工艺也会有所差异，这就导致工艺传承极有可能出现变化。此外，拜师学艺条件非常苛刻，在这种极为保守的背景下，茅台酒的生产技术没有文字记载，且各家烧房的工艺操作不尽相同。

中华人民共和国成立后不久，茅台镇上三家酿制茅台酒的烧房被合并改建为国营茅台酒厂。建厂初期便进厂的老员工王映发清楚地记得："三家烧房时期，郑永福（后为茅台酒厂酒师）在成义，郑义兴在恒兴，王绍彬在荣和。老板不准各家酒师交换生产经验。"

三家烧房的酒师操作方法并不统一，且有师承门派之见，导致合并后的茅台酒厂，因酒师在工艺操作问题上争论不休，直接影响了茅台酒的酿造。

1955年，茅台酒厂第一任厂长张兴忠出席中央地方工业部召开的全国第一届酿酒会议。会议主要内容是推广山东烟台白酒酿造技术，提高白酒出酒率。要求到1956年，全国节约粮食12万吨，保证第一个五年计划顺利完成。

会议期间，评酒委员对有代表性的酒样进行了品评，但茅

台的名次并不是最靠前的。这让厂长张兴忠尤为生气,遂在回厂传达会议精神时表示:"这是我们最大的耻辱,名酒在威望上和政治上都受到不可估量的损失。"

于是,打破偏见、统一工艺操作规范,成为茅台酒厂的重点任务。

在这种情况下,1956年,"恢复名酒质量工作组"正式进入茅台酒厂,分两阶段对茅台酒工艺操作进行总结、规范。

工作组认真思考工艺操作中各个步骤的取舍、各个工序的改进,归纳传统工艺,由实践到理论进一步完善制曲的标准、茅台生产和茅台酒质量标准,制定统一的操作规程等。1957年,茅台酒厂正式确立《茅台酒十四项操作要点》,为进一步传承茅台酒酿造工艺奠定了坚实基础。操作要点的确立,让茅台酒的质量得到大幅提高,酒品合格率也恢复至正常水平。

当然,操作规范的建立,也需要酒师建言献策。1953年进厂、时年58岁的郑义兴首先响应号召。他将祖传技术与自己的宝贵经验口述进行整理,并动员其他酒师打破保守观念、传授技术,为初步完善茅台酒生产工艺和提高茅台酒质量做出了重要贡献。

从烧房到国营酒厂,从口口相传到工艺初步总结为文字,郑义兴在茅台酒的传统工艺传承上发挥了重要作用。此后,郑义兴还悉心培养后人,把多年经验与总结全部交给了李兴发、季克良等年轻一代,为酒厂的发展筑牢了坚实的人才后盾。

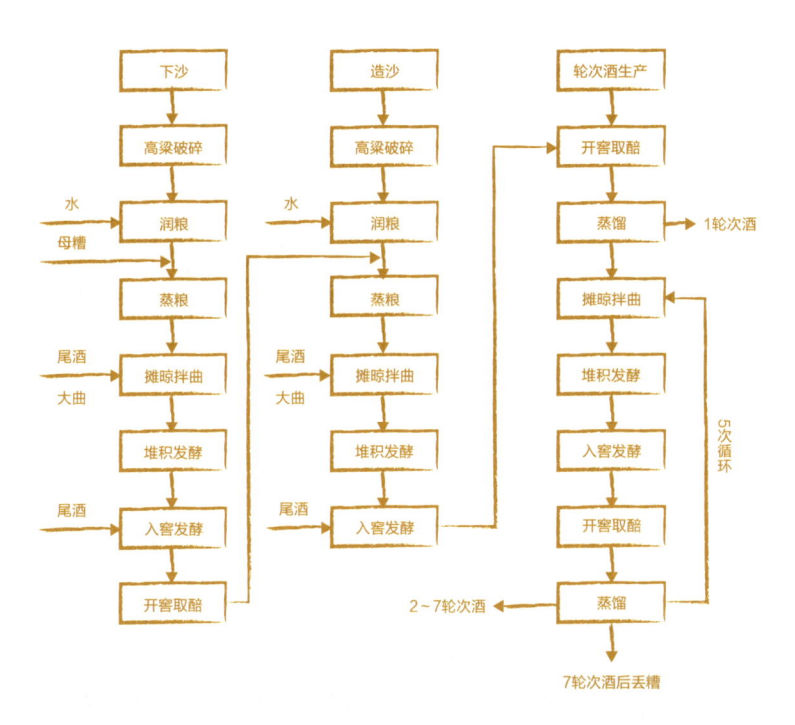

茅台酒工艺流程图

科学勾兑：三种典型体

1963年调入茅台酒库车间工作的王映发，是酒库车间最早的一批员工。他对彼时勾酒的画面仍然记忆尤深："当时勾酒用的是一个大酒坛，把不同酒坛的酒舀到大酒坛中，每个酒坛舀10斤至20斤不等，等大酒坛舀满后再进行搅拌，然后进行品尝，勾兑师张德良说可以就算是可以了，就可以包装了。"

王映发和其他员工觉得这样的做法有点不妥当，遂提建议，应该让大家来品评，采取少数服从多数的原则，多数人通

过，酒才算合格。张德良沉默半晌后同意，提出以后通过大家品尝来决定酒质是否合格，并将当时勾好的一坛酒作为品评勾兑标准。

但是，时任茅台酒厂副厂长的李兴发发现，出厂酒的勾兑仍然采取的是传统方法，即大酒坛勾小酒坛，老酒勾新酒，勾兑的成果与勾兑师的经验紧密挂钩。这意味着，出厂酒的质量仍不能保持一致。

李兴发在思考，有没有一种科学的勾兑方法，可以让每一批出厂酒的质量都保持一致？

为了改变勾兑无规律可循的状况，以总结出较为科学的勾兑工艺，1964年，在茅台酒试点期间，在老厂长郑义兴的指导下，李兴发带领科研小组夜以继日地探索茅台酒品质风格稳定的规律。当时，李兴发从酒库贮存的数千坛酒中，收集了200多种不同轮次、不同酒龄的样品，进行了千百次品尝。

李兴发白天收集样品，晚上则闭门品评，平均每天品评50多个酒样。他把家当成工作室，整天把酒勾来勾去、调了又调，并且因劳累过度和低血糖多次晕倒。

最让人印象深刻的画面是：李兴发手上挂着几个小酒杯，杯子里装有不同年份、不同轮次的茅台酒。走到哪，他都在思考勾兑的奥秘。

他不停地勾兑、品尝，再勾兑、再品尝，如此循环往复，然后把结果记录在随身携带的笔记本上。最多时,他一天要品尝上百坛酒。那段时间,不管是谁,只要遇见了李兴发,都会被叫住,然后尝上几杯他调好的酒。更重要的是,尝完酒后,还要对不同酒样发表意见。说完,李兴发才会让对方离去。

茅台原总工程师季克良提到,李兴发一头扎进生产车间,整日和员工在一起。三年时间,每天都是长达十多个小时的劳动,至少是现在员工的两倍。在高温作业环境下,他的衣服从来没干过。但尽管如此,他仍然在投料、蒸煮、制曲、堆积发酵等各个环节身体力行。

皇天不负有心人,李兴发带领的科研小组在难以记数的品尝中,在进行标准酒样分析、不同酒龄酒样分析、典型体酒样分析与检测后,终于归纳出了三种典型体酒。

香味好,味感幽雅细腻的,定为酱香型;用窖底酒醅蒸馏的酒,带有一定的窖泥香味,定为窖底香型;含有多种香气成分,香味不及酱香型酒味醇甜协调的,定为醇甜香型。

李兴发将三种典型体的基础酒交给科研小组。而后,科研小组采用纸上层析法,从组成成分上,进一步肯定了其合理性和科学性。接着,按照不同比例,科研小组采取了任意、循环、淘汰等勾兑方式不停尝试。在数百次的勾兑实践探索中,终于摸索出了一定的勾兑规律,并勾兑出品质稳定、酱香突出、幽雅细腻、酒体醇厚、回味悠长、空杯留香持久、风格独特且酒质完美的茅台酒。此后,李兴发将具有这一特性的酒命

名为"酱香型酒"。

作为中国白酒行业里程碑式的人物,李兴发掀起了一场酱香酒的革命,他也因此被很多人称为"酱香之父"。李兴发的探索不仅为茅台酒勾兑工艺的科学性奠定了基础,更为白酒行业掀起勾兑热潮做了铺垫。

1979年,第三届全国评酒会正式将中国白酒分为酱香、浓香、清香等几大香型。从此,全国评酒会工作有了比较科学而具体的分类评比标准,中国白酒行业进入"香型争鸣"时代。

从一到十

茅台历史上的每一次工艺总结,都是对茅台酒质量的一次提升。

生产是一个不断变化的过程。有经验的茅台人都知道,从建厂至今,茅台的工艺操作始终处于螺旋式上升过程。2008年进厂,从生产一线走向管理岗的刘勇表示:"工艺总结,一般是当前生产出现新难题,按照过去的经验无法解决时进行的思考与盘点工作。"

一段时期内,《茅台酒十四项操作要点》在酿酒中发挥了极其重要的作用。但是,直到1964年季克良来到茅台之前,茅台酒的工艺总结并没有太多。加上特殊的历史原因,将近十年时间,工人们的重心都未放在茅台酒酿造上。改革开放后,茅台酒厂才重新回归正常的生产秩序,扭转了长达16年的连续亏损局面。

这一时期,季克良通过长期实验与思考发现,茅台酒的工艺和中国其他白酒工艺有着显著差别。在不断研究与总结的过程中,季克良于1979年发表了《增产酱香酒的十条经验》等文章,总结出后来广为人知的"茅台酒十大工艺特点"。

人们逐渐了解到,这十大工艺特点从一到十是一个不断上升而环环相扣的关系,每一个环节必须到位,否则会牵一发而动全身,影响茅台酒的最终产质量。

"一"是指一年一个生产周期。

季节特性,给了古人有关生产的指导。茅台酒生产的整个过程,顺应春夏秋冬交替的规律,造就了茅台自然而纯粹的秉性。

就酿造而言,二十四节气与茅台酒关系紧密。端午时节制曲,正是高温发酵的好时机。重阳时节下沙,则是赤水河由"赤"回归清澈之际。此时,清澈的河水,正好满足了下沙的需求。同时,秋高气爽,气候适宜,正适合下沙收堆,入窖发酵。茅台酒的酿造与节气环环相扣,由此常被称作大自然馈赠的礼物。

"二"是指两次投料、两种发酵方式。

一般来说,其他白酒一年四季都可投料,但茅台酒严格

遵循两次投料。这是基于高粱成熟时间不同而形成的茅台特有的生产方式。茅台酒酿造选取的是当地的红缨子高粱，而红缨子高粱的成熟时间并不统一，山下高粱成熟得早，便先用于投料，此为下沙。大约一个月后，山上高粱成熟，再用于投料，此为造沙。

下沙时，高粱磨成二八比例的细末儿和块皮。润粮之后，加入母糟蒸透、摊晾、拌曲，经过堆积发酵后，进入窖池发酵三十日。等粮食发酵好后，进入造沙环节。此时，高粱要磨成三七比例的细末儿和块皮。与下沙时发酵好的粮醅按照五五比例混合均匀。再经过重复蒸粮、摊晾、拌曲，入窖发酵后，全年投料便到此宣告结束。

两种发酵方式指的是堆积发酵和窖内发酵。堆积发酵，也叫有氧发酵，或阳发酵，是将堆子置于晾堂之上，让微生物参与发酵，以产生香气成分及前驱物质的发酵方式。窖内发酵，则称无氧发酵，或阴发酵。整个发酵在窖池内部进行，通过微生物无氧代谢产生酒精和香味物质。

"三"是指茅台酒分为三种香型。

茅台是一种"复合香"，分为酱香、窖底香、醇甜香三种典型体，香气尤为丰富。其中，酱香是芳香族化合物散发出的香味香气，也是茅台酒的主体香。醇甜香则含醇类较多，呈现甜味，在勾兑中起缓冲作用。窖底香，芳香浓郁，较为柔和。

"四"是指40天制曲发酵。

曲块踩制完成，经过摊晾之后，运入发酵仓，经过40天全封闭的高温发酵。之后，再经过拆曲，运送到干曲仓存放。

"五"是指五月端午时节制曲。

"六"是指曲块需要在干曲仓贮存6个月，再投入生产。

曲是酒之母。茅台酒酿造顺应时节，端午制曲便是重要时节之一。1988年，季克良在《茅台酒的风味及其工艺特点》一文中提到，因茅台伏天气温高，室内甚至高达四十度，制曲发酵室又比较封闭，所以伏天踩曲，曲子的品温升得又高又快，成为全国独一无二的高温曲。由于经过高温制曲，所以曲块中的微生物品种和数量均受到限制。为了满足酿酒需要，古人想出了堆积发酵这一工艺，以网罗、繁殖、筛选微生物，并给酒醅带来大量的代谢产物。这便是茅台高温曲块与其发酵方式的巧妙结合。

"七"是指七次取酒。茅台人将茅台取酒的七个轮次比作人生七十年。一轮次酒，犹如婴孩，活泼娇气，以香气见长。二轮次酒则如二十出头的年轻人，有初出茅庐的清新。三轮次酒则如人三十而立，香味较为协调，但后味还显单薄。四轮次酒则如人四十而不惑，酒体沉稳厚重。五轮次酒，如人知天命，酒体从容，香味较为丰满。六轮次酒，以味道见长。七轮次酒，则如人近古稀，产量越来越少，酒体带有焦香味。

从工艺来看，历经两次投料入窖发酵后，茅台便迎来了第一轮次取酒。因一二轮次取酒恰逢冬季，气温低，出酒量不好

控制,因此需要仔细照料堆子,把控工艺细节。自四月开始,茅台酒的黄金轮次酒——三、四、五轮次取酒便拉开了帷幕。三、四、五轮次酒的产量占全年基酒产量的60%以上,是全年集中产出酱香典型体的轮次。此外,这三个轮次的酒,香味协调,是勾兑的主体。八月与九月,分别是六、七轮次取酒时节。待七轮次取酒结束,丢糟完毕,茅台的一个生产周期便到此结束。

"八"是指八次加曲、堆积、入窖发酵。基于这一生产特点,茅台酒的用曲量是一般白酒的四倍多。正是如此,茅台酒的酚类化合物较多,是一般白酒的三至四倍。

"九"是指九月重阳投料、九次蒸煮。九月初九,重阳下沙,茅台酒的生产周期由此开始。九次蒸煮指在一个生产周期内,首先对第一次投放的原料进行蒸煮,然后将蒸煮后得到的酒醅加入第二次投放的原料中一起反复蒸煮八次。

"十"是指10个工艺特点,即"三高""三低""三多""一少"。"三高",指高温制曲、高温堆积发酵、高温蒸馏取酒。"三低",指投料水分低、曲子糖化率低、出酒率低。"三多",指轮次多,用曲多,粮食消耗多。"一少",则指辅料少,只有稻草和谷壳。

从一到十,从原料到出酒,历经30道工序,165个工艺环节,连接8000余人,一环扣一环,方成茅台酒。

酿好酒更要卖好酒

"四步走"扩宽市场

1978年,改革开放大潮涌起,中国的社会面貌迅速改变,这一年也被看作中国酒业现代化的开端。此时,全国白酒企业不到千家,白酒行业总产值不到30亿元。

从1978年开始,茅台渐渐走入市场之中。此后,茅台在很长一段时间里成为舆论关注的焦点。回顾茅台的市场化之路,或许能在历史细节中找到茅台的智慧。

经销商+专卖店

改革开放之后,中国酒企迎来了历史的重要时刻。不过,此时的茅台酒主要是在特供渠道进行销售,采用"批条—生产"模式。这也意味着当时的茅台酒厂不用担心酒的销量。

政策改变风向几乎是瞬间的事。1988年,国务院办公厅、中宣部印发《放开名烟名酒价格提高部分烟酒价格的宣传提纲》,放开对13种名酒的价格管制,其中就包括茅台酒。此后,中国白酒开始进入市场化阶段。

茅台酒因为长期实行包销,受到巨大冲击。但因为原有销售模式的影响,加之茅台酒一直以来获得的高评价和赞美,茅台依然沿用过去的"批条—生产"模式,依托各大糖酒公司展开销售,没有真正进入市场。

1997年,亚洲金融风暴席卷而来,再加上中国白酒行业出现"勾兑丑闻",整个白酒行业受到巨大冲击。茅台的处境有了根本性的转变——不再是"皇帝的女儿不愁嫁",也不再是"酒香不怕巷子深"。这意味着过去坐等客户上门的路子已不再行得通。如果再不思变,恐怕会被市场淘汰出局。

在生死存亡之际,茅台领导者积极转变思路,组织营销人员在全国建立营销网络,搭建起"经销商+专卖店"的营销模式,为茅台开启了市场化转型之路,逐渐从坐商转变为行商。因此,这一时期,茅台酒虽然仍以公务消费为主,却不断走入了商务消费者心中。

在茅台市场化初期,"经销商+专卖店"的营销模式对于茅台的渠道建设有着重要作用。它不仅解决了茅台库存爆满的燃眉之急,还减少了茅台酒厂的前期投入,方便公司对酒的终端价格进行管理和控制。此外,这一营销模式还有利于打假工作的管控,能极大地提升顾客的消费体验,并逐渐在顾客心中树立起品牌形象,为茅台的品牌发展打下了坚实的基础。

优化经销商

在不断开拓市场的路上,茅台的营销模式在持续演进。2005年,茅台股东大会决定,开始停止新增专卖店,要加强对现有专卖店的管理。茅台把公务、大型企业等主要消费者的业务,与经销商体系的业务区分开来,把大型客户经销商转变为主做团购渠道的特约经销商,主要开展团购业务,同时在重点销售区域内设置多个特约经销商,以防止经销商话语权过大。此外,茅台还丰富其他销售渠道,开始向"专卖店+特约经销商+区域经销商+总经销制"转变。截至2009年底,茅台已拥有经销商约900家。2010年,茅台创建销售大区制度,在全国成立了8个销售大区。

随着经销商发展壮大,其在茅台酒销售中的话语体系也越来越大。特别是在2003—2012年中国白酒快速发展的"黄金十年",茅台经销商体系得到迅速扩张。在此期间,茅台对经销商的管理变弱,导致一些问题出现。比如一些经销商为了完成销售任务,以不正常的手段压低价格;经销商之间出现了严重的窜货现象;此外,还有个别经销商哄抬茅台酒价格。以市场上受到消费者追捧的53度新飞天茅台为例,从2007年到2012年,其价格犹如坐火箭一般,从下往上,一路飞涨。2007年,飞天茅台的定价为500多元,到2012年春节期间,市场上的500ml

53度新飞天茅台已突破2300元大关。㊀

为了更好地控制和管理零售终端茅台酒，遏制经销商对消费者"狮子大开口"，从中牟取暴利，也为了树立良好的品牌形象，宣传茅台酒的理念文化，消除普通大众对茅台酒的偏见，2005年之后，茅台开始结合市场实际，率先在酒企实行配额制，即采取每个专卖店发货3～5吨配额、签订年度销售计划、先预收款再发货等措施，从而对经销商的情况做到心中有数，维护茅台酒的价格体系。

配额制对整个白酒行业有广泛的借鉴意义。2016年后，伴随着白酒行业复苏，各种资源开始向白酒行业集聚。一时间，中国名酒大热，但白酒资源变得稀缺。这时，五粮液、泸州老窖、郎酒等酒企纷纷向茅台学习，对主销产品实施配额管理。再加上酱酒热引爆，白酒企业更是将配额制推向了高峰。

2011年，为了合理控制经销商的话语权，茅台提出要在全国各大省会城市建立自营店，以加大茅台酒的直销力度，实现经销商和自营店"两条腿"走路。

2012年，茅台集团发出公告，将在全国31个省会城市及直辖市成立31家全资自营公司。这标志着茅台集团的直营体系即将进入白酒历史舞台。

㊀ "茅台"开启自营店时代白酒市场影响几何.郑州日报[N].2012-07-25(06).

"触电"电商

在中国白酒行业一路引吭高歌之时，一场更严峻的考验即将来临。2012年底，中国白酒行业进入深度调整期，白酒消费急速萎缩，销售渠道库存高企，茅台也不例外，公司和渠道商都损失惨重。

为了应对白酒行业调整的压力，茅台集团首次打破专营渠道，降低酒价，向经销商开放代理权，在空白市场进行招商。

实际上，早在2000年初，茅台便在尝试电商。尤其是2014年以后，茅台一直在电商领域深入探索。2014年6月，茅台成立贵州茅台集团电子商务股份有限公司，经营茅台集团全线产品，促使茅台集团向电商营销方向转型，实现线上线下联合销售。

同时，茅台集团还利用e茅台、天猫、阿里巴巴、工行融e购、建行善融商务、招商银行网上商城等电商渠道销售茅台酒。电商销售渠道的搭建，加速了茅台的调整转型。

2016年6月，茅台电商公司筹划许久的茅台云商App正式上线运营。从某种意义上讲，经销商成了茅台酒的配送站，其话语权再度被减弱。仅仅过了6个月，茅台云商App的注册会员就突破18万户，销售额突破26亿元。

与此同时，2018年，茅台集团严肃整顿经销商体系，大力处罚违规经销商。这一年，茅台酒的经销商减少了437家，到2019年底，只剩下2 000多家。

2019年4月，为了推动茅台酒销售渠道的扁平化，茅台集团营销公司正式成立。这家公司主要通过与酒店、商超、社区等合作，推动茅台酒的销售渠道更加多元。此后，茅台营销公司针对线下商超和电商投入了1 000吨酒量。但在巨大的市场需求面前，茅台酒仍然供不应求。

外界曾有一种观点，认为茅台是饥饿营销，但实际并非如此。在生产上，茅台一直坚持"崇本守道、坚守工艺、贮足陈酿、不卖新酒"的质量理念。而在地域上，茅台酒只能在15.03平方公里的范围内进行酿造。酿造工艺和原产地的限制，决定了茅台无法大规模扩产。

除了营销公司，茅台还在直营店增加茅台酒的投入量，并加大在机场、高铁等地方的布局力度，以增加直营店的销售比例。

2020年是茅台渠道变革的关键一年。这一年，茅台一口气将直销渠道商增至68家。去经销商化、拥抱新平台成了茅台经销渠道的发展方向。茅台表示，将不断深化营销体制改革，加快推进自营、商超渠道、电商渠道建设，形成与社会渠道、自营体系相辅相成、协同发展的局面。

2021年作为茅台直销渠道商的优化提升年，茅台持续增加公司营收和利润，促进公司稳健发展。

进军海外

20世纪五六十年代，茅台酒在日内瓦会议、万隆会议等国际会议上频频亮相，国际上掀起了茅台热。对此，茅台酒厂抓住机会，先后在马来西亚、新加坡等国家注册了商标，使茅台酒出口贸易得以正常进行。

20世纪七八十年代，随着茅台酒在中外关系方面发挥重要作用，以及中国实行改革开放政策，国际上再次掀起茅台热。趁此时机，茅台酒厂努力扩张国际市场。1970年，茅台出口量达到100余吨，占自身销售总量的近50%。此后的十几年中，出口酒是茅台一部分重要业务。到20世纪90年代，茅台利用自身的自营进出口权，积极开展进出口业务。1995年，茅台出口140吨茅台酒，创汇410万美元，1996年，出口170吨茅台酒，创汇488万美元。此后，茅台酒渐渐销售到海外数十个国家和地区。㊀

进入21世纪后，全球化步调加快，茅台也将眼光对准了有实力的国际经销商，开启全球化发展布局，进军国际市场。2015年，茅台集团新发展了西班牙、瑞士、拉脱维亚、格鲁吉亚、爱尔兰5家经销商。这5家经销商在这一年的前三季度就创汇860多万美元。与此同时，茅台集团还通过与海外经销商联合宣传来扩大茅台酒的知名度。比如，对茅台参与的官方国际赛事、大型公益活动、文艺演出等进行综合报道，让世界上更多人知道茅台、了解茅台、爱上茅台。

此外，茅台集团还主动探索走向海外市场的路径，如借助

㊀ 中国贵州茅台酒厂有限责任公司.中国贵州茅台酒厂有限责任公司志[M].北京：方志出版社，2011.

国外社交平台进行品牌宣传，以便让海外消费者更好地接受茅台酒。特别是2019年，茅台集团依托海外社交媒体平台，如Facebook、Twitter、YouTube、Instagram等，推进茅台酒的海外营销。到2019年10月31日，茅台共出口茅台酒及茅台酱香系列酒1 576.82吨，销售金额达3.69亿美元。^㊀

当前，茅台酒市场已覆盖亚洲、欧洲、大洋洲、美洲、南部非洲及中国重要口岸的免税市场，这表明茅台的海外市场网络布局日趋完善，国际化程度正在不断加深。

品牌制胜

2021年凯度BrandZ ™最具价值中国品牌排行榜发布，贵州茅台以1105.79亿美元的品牌价值位列第3。同时，作为全球最有价值的酒类品牌之一，茅台的品牌打造有其特殊之处。

1915年在巴拿马万国博览会上夺得金奖后，茅台酒与法国科涅克白兰地、英国苏格兰威士忌并称为世界三大蒸馏名酒。这让茅台酒在国际舞台上大放光彩的同时，也为其形成强大的品牌影响力打下了基础。

始终与国家同行，加持了茅台的品牌力量。

茅台与中国革命结缘。红军三渡赤水期间，在茅台停留了

㊀ 张小军，马玥，熊玥伽. 这就是茅台 [M]. 北京：机械工业出版社，2021.

几天。中华人民共和国成立之后，茅台酒作为重要礼物送往北京，并多次出现在国宴庆典之上。

茅台与外交结缘。茅台酒深受老一辈领导喜爱，在国际上掀起茅台热，也曾多次出现在外交场合。同时，茅台酒还作为重要的外交礼物，被送至部分国家。经年累月之中，茅台酒的意义得到延伸，逐渐抽象为中国文化、中国符号的表现之一。

此外，茅台酒的出口价格高，因此承担着出口创汇的重要责任。同时，在出口过程中，茅台较早地接触海外市场，较早地考虑客户需求，并注重对产品包装、品牌形象方面的打造。正是如此，2017年，茅台举办了第一届全球茅粉节，以不断培育世界各地的"茅粉"。

品牌力是高端酒的核心竞争力之一。茅台作为酒类行业头部企业，既有与生俱来的历史文化优势，也有其自身挖掘培育的品牌特性。

进入壁垒高是茅台典型的特征。15.03平方公里的核心产区，为茅台挖深了护城河。实际上，"产区"的概念最早源于法国波尔多，以表明葡萄酒的生产地。不同产区的酒，差别巨大。对茅台而言，"产区"的概念最早可追溯到1975年的易地实验。这一持续十年的实验表明，茅台酒不可复制。正是如此，季克良于1991年提出了"离开茅台镇，就产不出茅台酒"这一科学论断。这也是中国酒业第一次提出"原产地"的概念。15.03平方公里赋予了茅台酒稀缺性的内涵，也赋予了茅台品牌

的独特性。

与此同时,独特的工艺酿造,也为茅台的品牌塑造奠定了基础。无论一年一个生产周期,端午制曲、重阳下沙等,还是自1956年便建立的陈贮制度,都为茅台注入了时间的韵味,丰富了品牌的内涵。

在探寻茅台品牌塑造的历程时,我们发现茅台非常擅长寻找品牌定位。20世纪90年代,在五粮液发展势头正猛之际,茅台敏锐地发现了当时被忽略的公务消费需求。通过"高贵"等品牌定位及营销措施,茅台酒深入消费者的心里。当然,在这一消费定位发生改变的同时,茅台还及时调整策略,开拓市场。

1999年,茅台率先将文化与酒进行结合,开辟了白酒行业新玩法。此前,茅台围绕文化已经进行了诸多布局。1993年初,时任厂党委书记、厂长的邹开良带领的领导班子就开始构想"酒文化城",并得到贵州省政府领导的同意。1997年,中国酒文化城竣工,后被列为省传统教育基地。多年来,中国酒文化城为传播中国酒文化发挥了重要作用。

文化与酒的结合,是茅台突出重围的重要一招。更重要的是,此做法一经输出,便得到了行业的普遍认同,引发了行业从卖酒到卖文化的转变。大家纷纷意识到,中华民族数千年的文明为品牌的塑造奠定了深厚的历史基础。

文化元素的引入,为白酒行业的发展提供了新思路。而茅台敢于开行业先河,也是基于自身深厚的历史底蕴、巨大的文化宝库。由此，才有了中国酒文化城，以及"茅酒之源"等文化传播的平台与窗口。

此外，在品牌塑造上，茅台还提出了"健康酒"的理念。中国居民健康素养监测结果显示，我国居民健康素养水平2019年达到19.17%，比2018年提升2.11个百分点，总体水平继续稳步提升。因此，高品质、健康的理念，是时代发展带来的新需求。

早在1993年，茅台便提出了"健康酒"的概念。随着20世纪90年代白酒行业竞争加剧，洋酒大量涌入国内市场，以及改革开放后消费水平不断提高，人们的消费观念已向健康化、品质化转变。

与一般白酒不同，酱香酒具备柔和、饱满、协调、纯净的口感。而且，茅台酒喝完不上头、不口干，虽然酒精度数高，但酒体醇厚、细腻、不刺激，这些特性正好与健康舒适的理念不谋而合。从酿造工艺来看，茅台酒的接酒温度在40℃以上，醛类低沸点物质被最大限度地挥发。同时，在贮存过程中，暴辣低沸点物质也被挥发，高沸点的有益物质则得以保留。可以说，酱香酒的高品质刚好迎合了人们"少喝酒、喝好酒"的消费理念，满足了当代消费者对白酒的消费需求。

在健康、营养等消费观念的影响下，茅台在2003年提出了"酿造高品位生活"的企业经营理念。从"健康"这一单一元素，到"高品位生活"这一复合元素，不仅显示出茅台酒消费

理念的丰富，更展现出茅台对自身品牌的深层塑造。

茅台酒经营理念的不断升级，引导着消费者对酒的消费理念的改变，绿色、有机、健康成为众多消费者的追求。如此，茅台高端品牌形象不断深入人心，挖深了茅台的护城河。

茅台酒的高端定位，满足了消费者精神层面的愉悦感。酒与文化、高品位生活的连接，赋予了茅台酒更深层次的含义与价值。一种更高层面的精神意义，在茅台概念输出的过程中得以体现。先天的历史文化优势与后天的定位，在茅台身上得到了恰到好处的融合，产生一种无法替代的品牌优势。

从大单品到产品矩阵

无论53度飞天茅台，还是52度水晶瓶五粮液，白酒行业的共性多是以大单品取胜。郎酒曾对外公开青花郎的定位：中国两大酱香型白酒之一。作为郎酒的主打品牌，青花郎便是用来对标茅台的角色。

实际上，纵观行业，无论产品线的调整还是运作模式的转变等，其目的都是为了打造核心单品。五粮液曾提出打造五大战略品牌，汾酒则提出打造超级大单品玻汾，泸州老窖提出建立"双品牌、三品系、五大单品"的品牌体系，安徽古井贡酒打造"年份原浆"……这都是基于大单品战略进行的经营布局。

相较而言，茅台的大单品战略有其特殊之处。

第一，高端定位基调不变。一般来说，在消费者心中，企业品牌有相对清晰的定位，茅台酒的定位一直是高端酱香型白酒。从原料到成品茅台酒出厂，要历经为期一年的生产周期、长达四年的贮存时间，才能让酒体更为绵软柔和、回味悠长。所以，茅台酒需要耗时五年才能得以上市。产品既有时间价值赋能，又有历史底蕴奠基，故而定位高端。

在计划经济时期，茅台曾有过不重视经营的时候，导致其地位受到五粮液等名酒的威胁。后来，茅台积极调整策略，在坚持质量的同时，加大投入。比如，开拓专卖店主渠道、在央视投放广告等，树立起茅台的高端形象。

如此经年累月，茅台酒打造的高端品牌定位，已经在消费者心中根深蒂固。

第二，差异化概念挖深护城河。茅台酒的独特性，很大程度上源于其酿造工艺及原产地的进入壁垒。15.03平方公里的独特产区，注定了茅台的不可复制性。这也意味着，其他企业即便想要复刻一个茅台，也是天方夜谭。因为，在全世界，只有中国贵州茅台这样一个地方具备茅台酒的生产条件。

只有具备差异化的产品，才能独树一帜地在消费者心中植入鲜明的印记。茅台酒无疑具备了这一条件。

第三，产品始终如一。提及茅台酒，我们的脑海中会涌现

一些经典元素：乳白色玻璃瓶，两条红丝带，勾金边的品牌名等。不变，有时反而具备跨越时间的魅力。对消费者而言，熟悉且如一的产品品质与形象，极具亲切感和信服力。

近十年来，大单品的思维在白酒行业大行其道。大多数酒企都希望通过打造核心单品，获取相对竞争优势，以单品撬动市场，引爆市场。于是，白酒界形成了这样的观念——有拳头产品或品牌，就代表着企业的成功。然而，从长远角度来看，单品的成功是短暂的，企业要获得长久发展，势必要围绕成功的单品进行产品矩阵的打造。

投资界常说，"不要把鸡蛋放在同一个篮子里"。正是如此，基于大单品进行延展，延长产品线，形成产品组合，最终组成"航空母舰集群"，才会让企业有足够的抵御风险的能力。

与此同时，集群还能改变无序竞争的状况。以前，茅台集团旗下的公司呈现各自为战的现象。比如，这家子公司出了200元价位的产品，那家子公司也出了200元价位的产品。尤其是技术开发公司和保健酒公司以前的品牌很模糊，一直相互竞争。茅台集团提出集群化发展之后，子公司发展便各有侧重，形成"集团军"。如此，便可很好地统筹规划：谁来冲锋，谁来善后，谁来打阻击，谁来保障后勤。各个子公司各有定位，分工明确。

茅台酒作为超级大单品，有着很强的特殊性。它身上具备的许多元素，都是独一无二的。即便如此，茅台依然要考虑多种品牌的发展。显然，这是因为单一产品的风险太大，强势单品的抗风险能力不如王牌集群。同时，受制于15.03平方公里的生产范围，未来，茅台酒产能增长将出现瓶颈。正是如此，2014年底，茅台成立了酱香酒公司。以这一年为分界线，此前公司以茅台酒为主要单品，此后系列酒的地位得到大幅度提高。

2000年，茅台成立茅台酒销售公司，迎来茅台销售的一次转型。2014年，酱香酒公司的成立，意味着卖茅台酒和卖系列酒分开，茅台进入了再次转型时期。这时，既有一支队伍能够把茅台酒的原有阵地，即金字塔尖上的消费群体紧紧地抓好、巩固好、开发好，又有一支队伍为茅台酒保驾护航，研发更多价格区间的产品，培育更多的消费群体。

当然，酱香酒公司本身是一块试验田。对于年轻的酱香酒公司而言，要摆脱茅台的光环，把茅台系列酒做大做强，是一个巨大的挑战。

2015年，茅台确立了"茅台酒、系列酒"双轮驱动的发展战略，并逐渐加大系列酒的发展力度，取得了不俗的发展业绩。以2015年至2018年为例，系列酒营收从11.1亿元增长至80.8亿元，复合增速达到94%。同时，系列酒的营收占比也在稳步提升，从3%增长至11%。在销量方面，系列酒的销量从0.77万吨增长至2.98万吨。

2018年9月，公司通过3万吨酱香系列酒技改方案，计划扩大系列酒产能至5.6万吨。届时，系列酒与茅台酒的产能比

会达到1∶1，真正实现双轮驱动，保证实现千亿元目标之后茅台的持续稳定发展。

发力仍旧在持续。茅台将2019年定为系列酒的"品牌塑造年"。在这一年里，茅台坚持以提升质量和塑造品牌为主线，在巩固飞天茅台这一大单品的基础上，继续拓宽系列酒的发展空间。如今，茅台除了茅台酒，更有茅台王子酒、茅台迎宾酒等大单品。并且，2019年茅台酱香系列酒的营业收入首破百亿元大关。

在酱香酒公司快速扩张的时代，诸多创新举措得以应用。比如，厂商关系的改变。以前是经销商主导费用，酱香酒公司再来核销。常见问题是，资金到位了，基础工作却没有到位。于是，酱香酒公司创新提出公司主导、经销商配合的方案，所有的费用由厂方做主。

多品牌运作也是一种创新。在全国白酒行业中，很少有白酒企业像酱香酒公司一样进行多品牌运作。一般酒企虽然有一款主导产品，但其系列酒的销量和体量都只是辅助。而茅台酱香酒公司的多品牌运作真正做到了独当一面。酱香酒公司自营的王子酒、迎宾酒、贵州大曲、汉酱、仁酒，每一个品牌拿出来，都是10亿元以上规模的体量。

与此同时，更大范围的集群亦在发展。2020年，习酒圆梦百亿。作为茅台集团旗下的百亿企业之一，习酒也有自己的大单品。2010年，习酒推出"习酒窖藏1988"；如今，在单品赛道上,高端酱香产品"君品习酒"亦获得世界级认可。

"十四五"期间,技术开发公司将目标定在了百亿,大力打造自主品牌,力争将"茅台醇"品牌打造成为50亿级别的超级单品。此外,生态农业产业发展有限公司旗下的茅台悠蜜蓝莓精酿也已成为销售过亿元的大单品。

从一个超级大单品,到一超多强,茅台整体产品矩阵的搭建,构筑了更加科学完善的发展体系。

以客户为中心

在企业经营中长久不变的法则是,客户永远占据着举足轻重的地位。忠实的客户群体是企业稳定发展的重要支撑。维护客户的权益,便是在构筑企业自身发展的牢固基石。

茅台酒的发展历程有其自身的特殊性。但无论身处计划经济时期,还是进入市场经济时期,茅台都在全力维护消费者的权益。

打击假冒伪劣,便是极为显著的代表。

茅台酒名声盛大,是中外驰名品牌。但作为高端白酒,一个绕不开的痛点便是假冒伪劣。早在茅台酒厂建立之前的私营时期,就有一些假冒伪劣产品出现。茅台酒厂成立之后,茅台酒质量更加得到保证,由此产品供不应求。不法商人见状,便觉有利可图,遂制假售假,严重影响了茅台酒的声誉。

改革开放的号角吹响后，茅台也进入了市场经济时代。但这之后，假冒侵权纷至沓来，严重影响了消费者的合法权益，1988年达到高峰。当年年底，共查出假冒伪劣商标案28件，没收假冒商标14 165张（套）。

2000年，为堵源截流，维护消费者利益，茅台酒厂正式组建"打击假冒侵权办公室"，并抽调8名专职打假人员，分赴各地开展工作。"打假办"的成立，意味着茅台打假维权走上了专业化、法律化的道路。

2002年，茅台开展全国范围内的打假维权活动，查获假冒贵州茅台酒44 598瓶、侵权酒6 341瓶，协助办理刑事案件15起，打击犯罪嫌疑人48人，使制作、销售假冒茅台酒及侵权行为得到有效遏制。

一直以来，茅台在打假方面投入了大量费用，并坚持配合相关执法部门查获假酒，力争为消费者创造良好的购酒环境。同时，每周的固定时间，茅台在多个省会城市开展官方的免费打假鉴定活动，以帮助消费者辨别真假。消费者也可以通过咨询热线查找具体的联系方式，甄别自己买的酒。此外，茅台还设置专门的奖励，来鼓励广大群众提供线索或证据，举报卖假酒、造假酒者。

作为中国制造业的一张名片，茅台体现的是中国民族品牌的形象。在高价值的品牌与高额利润的诱惑下，国际上也产生了假冒伪劣的茅台酒。对此，茅台积极加强与海外相关部门的联系与合作，共同打击国际市场上的假冒伪劣行为。

2019年，茅台与柬埔寨国家反假冒伪劣委员会互通有无，就茅台酒的技术鉴别和感官鉴赏，以及反假冒伪劣技术和打假工作经验进行分享交流。同时，双方深化在真伪鉴别技术和打假维权方面的合作，努力维护茅台在柬埔寨的声誉和形象。

防伪，是茅台维护消费者权益所做的另一项重要工作。

1996年，茅台引进了意大利的二阶式防伪、防倒灌塑料瓶盖，并沿用至今。1998年，茅台开始使用美国3M防伪标封口。1999年，茅台开始使用加拿大雷射激光防伪标封口。2009年，茅台启用新的防伪红色胶帽，将瓶盖顶上的圆形物流溯源码改为长方形，贴在背标顶部。

2012年，茅台投资近2亿元，用来建设茅台酒流通追溯体系，增强茅台酒的防伪功能。这个体系通过添加RFID电子标签，存储追溯及防伪信息，配合系统平台，实现茅台酒的质量追溯及防伪。从2013年开始，茅台逐渐放弃传统的特殊装置防伪方式，改成NFC防伪方式。

有了这个防伪系统，消费者只需要使用具有NFC功能的手机，或使用大型超市、专卖店与厂家联网的RFID终端机，就可与粘贴在酒盖与酒瓶接合处的RFID标签进行感应，查询结果会自动显示。如果是正宗茅台酒，就会出现商品的产地、规格、生产日期、物流码等信息。如果是假冒茅台酒，则会有错误提示。

此外，茅台还对海内外经销商进行严格管理，要求经销商坚持合规、诚信原则，接受所在地区政府的管理，遵守所在地区的法律法规、文化风俗，否则将受到严厉处罚。在海外经销商大会上，茅台强调会对各位经销商负责，更对消费者诚信，没有达到质量标准的产品绝不允许出厂，也绝不因市场上产品短缺造成的供不应求而疯狂涨价。虽然茅台因为产量的限制在市场上投放量有限，但茅台不会也不可能无限制地扩大产能，因为茅台自成立以来，便秉持着对所有消费者负责的理念，无止境地追求卓越的酒质。

在以客户为中心、做好客户服务的工作上，茅台的思路广阔而活跃。比如，专卖店不仅有接机接站、送货上门、代驾、上门拜访、客户生日礼物、重大节日客户礼物、品鉴会等基础性服务，还不断提升店面工作人员的专业知识储备和服务质量，为客户做好专业服务，还会针对不同客户策划个性旅游活动，提升消费的幸福感等。

以茅台河南省茅五剑贸易有限公司为例，2020年疫情爆发后，该经销商坚持"以客户心为己心，以客户需求为己事，全心全意做好销售服务工作"的态度，坚持客户至上的营销理念，加强与客户的联系，急客户所急，急客户所需，帮客户破解了四大难题。一是解决客户吃菜难的问题。疫情爆发后，蔬菜供应成了百姓生活中的痛点，该经销商开展"桌上的菜，心中的爱"活动，为客户免费提供蔬菜。二是解决口罩紧缺问题。公司采购了一批口罩赠送给客户，成为疫情下客户最亲的人。三是解决物流配送问题。公司组建了"配送先锋队"给客户进行物资配送。四是解决消费场景问题。疫情防控期间，商务聚会、家庭聚餐等聚集活动均被取消，据此，公司创造性地设计了云约酒活动，该活动以亲情、友情、爱情等为主题，打造了新式线上相约场景。

2020年，在贵州茅台酱香系列酒全国经销商联谊会上，茅台酱香酒公司与经销商签订合同时，交换了双方的签约身份，经销商成了"甲方"，而茅台酱香酒公司成了"乙方"。这意味着，服务好经销商就是服务好客户。

那时，为欢迎全国各地的经销商，从下高速到茅台厂区的道路两旁都悬挂上了"欢迎回家"的横幅。茅台酱香酒公司为前来的经销商做了精心准备和安排：不仅在酒店房间安排了专门人员为经销商送上欢迎卡片，还首次制作了电子会议指南小程序。这个小程序包括了经销商联谊会的活动流程、到达返程信息、酒店服务、餐饮服务、医疗服务、车辆信息、坐席信息等，方便了经销商随时随地了解相关信息，这让前来的经销商感受到了浓浓的暖意。

在联谊会上，茅台还举办了颁奖典礼。茅台酱香酒公司表彰了2020年系列酒营销工作做得突出的经销商集团和个人，分别授予不同称号，如"同心同行""优秀经销商""先进经销商""最美酱人"等。

经销商是茅台不可分割的一部分。他们陪茅台走过了几十

年的风风雨雨,为茅台进入市场、占领市场立下了汗马功劳。也因此,茅台一直把经销商当作重要伙伴和家人。

例如,茅台集团整顿经销商体系,使一些经销商感到恐慌,茅台为稳定他们的情绪,给出了一颗定心丸——无论过去、现在,还是未来,经销商都是茅台不可或缺的宝贵财富。只要经销商合规经营、诚信经营,经销资格就不会被取消。与此同时,茅台还构建厂商命运共同体,与所有的经销商一道,同命运、共进退,以深化茅台和经销商的合作。

酿好酒,更要卖好酒。几十年来,茅台直面变幻莫测的大环境。在此过程中,茅台引领行业,独创了许多发展模式。其中,以客户为中心,同时与经销商构筑良好的合作体系,是茅台走得更远的重要底气之一。

未来天地开阔,茅台自当乘风破浪,砥砺前行。

把质量刻入基因

质量体系的进化

茅台质量管理体系的不断升级,让原料进厂到酒体出厂的全过程实现了制度化、规范化管理,保证了茅台酒的高品质。而今,茅台酒收获了诸多荣誉,如白酒行业首批获得国家 A 级绿色食品证书的品牌,是经过有机食品、国家原产地域保护产品认证的产品,并两次荣获"全国质量奖"。[一]

从经验到标准

茅台为确保酒质,在管理体系的升级和优化方面下了很大的功夫。

中华人民共和国成立之前,茅台酒的质量把控全靠酒师经验。师带徒式的经验传承,一方面为工艺传承留下不可磨灭的

[一] 郭铁,戴世锦.茅台:技艺传承只为酿好每一杯酒[N].新京报,2019-08-30(22).

印记，但另一方面质量波动也在所难免。

1951年茅台酒厂建立之后，从中央到地方都十分关注茅台酒的质量。当时的厂领导班子把质量放在首位，不断从工作中总结经验和教训，逐步建立起规范化、标准化的质量管理制度。

1953年到1956年上半年，有消费者反馈，当前市场上的茅台酒的质量不如之前好，这不仅引起厂里极大震动，还引起各级领导高度关注。1956年下半年，国家轻工业部派出专门人员，与贵州、仁怀的相关部门人员组成工作组，到茅台酒厂进行实地考察，寻找茅台酒质量下降的原因，最终认定茅台酒的生产技术和包装材料等存在问题。

茅台酒厂在工作组的配合下，认真贯彻全国八大名酒会议精神，并根据"恢复、巩固、提高"㊀方针，纠正已有错误，开展"积极恢复原有工艺操作，以提高产品质量为中心"的先进生产者活动。同时，组织领导干部坚持质量第一的思想，并集思广益，向老酒师、老工人征求意见。最后，他们所提意见90%被采纳，从而确保了工艺质量的提升。

这一时期，茅台还初步建立了化验室，对原料、曲药、半成品、成品进行研究。此外，技术检查制度的建立，有利于检查工艺操作工序情况，也保证了茅台酒的高品质。㊁

㊀ 恢复、巩固、提高方针是指恢复原有工艺操作，恢复原料配方，恢复原有厂址、水源；巩固成绩；提高产品质量。

㊁ 中国贵州茅台酒厂有限责任公司.中国贵州茅台酒厂有限责任公司志[M].北京：方志出版社，2011.

1955年，茅台酒厂评酒委员会成立，1956年，茅台酒厂制定了茅台酒质量标准。这些工作对于茅台酒质量的稳定起到了保障作用。

20世纪50年代末60年代初，茅台酒厂坚持传统酿造工艺，坚持对茅台酒进行科学研究，但因大环境影响，茅台酒的质量依然出现了下滑。

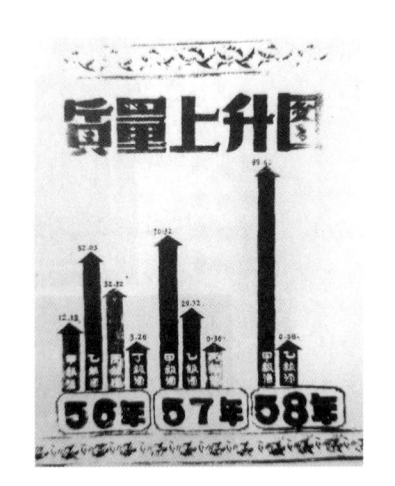

茅台酒厂墙报

在此背景下，国家轻工业部再次集结科研工作者到茅台酒厂实地调研，经过对茅台酒生产工艺的全面科学总结，一系列有关保障茅台酒质量的成果逐步出炉。如1963年7月发布的《关于提高茅台酒质量的措施意见》；两期试点时期，发现茅台酒香型的三种典型体，并整理出与茅台酒原料、酿造用水、蒸馏和香味物质等相关的11份研究报告。

这些成果对后来茅台的科研工作，甚至整个中国的白酒行业都产生了重大影响，为茅台实现今日之辉煌奠定了基础。

1975年初，茅台制订茅台酒制曲注意事项，对原料粉碎度、加水量、母曲量、踩曲、堆曲、翻曲、贮藏、质量检查等做了相关规定。10月，茅台酒厂制订修改《茅台酒生产操作要点》。11月，在全国第五届白酒技术协作会议上，茅台酒厂提出

坚持"严字当头,质量第一"的生产指导思想,助力茅台酒品质再上一个台阶。

1978年8月,茅台开始搞"质量月"活动,制定各种规章制度、岗位责任60多项,并设置了感观、化验、卫生、计量和灌装等标准;建立起包装出厂酒的检验制度;成立32个质量研究小组,以便监督员工严格执行工艺操作标准。这个活动助力茅台的酿酒水平持续提高,茅台酒的产量、质量均有了质的变化。因此,茅台酒厂被称为"大庆式企业",并在1979年9月荣获国家质量金奖。

从狭义到全面

进入20世纪80年代,质量观念发生了深刻变化——由狭义的质量管理,变成了全面的质量管理。改革开放带来一阵新风,人们逐渐意识到,要在国内、国际市场上立于不败之地,必须在产品性能、包装、服务等各个方面都达到优质。

基于此,茅台酒厂开始开展全面质量管理(TQC)活动。通过理论联系实际,茅台酒厂全面总结了建厂以来出现质量波动的经验和教训,全厂人员充分认识到,质量是企业的生命之魂,关乎企业生死存亡。此后,质量第一的理念逐渐深入人心。

为落实以质求存理念,各车间、各班组纷纷行动起来,建立了质量管理小组、技术研究小组、科研小组等,把好茅台酒的产质量关。1983年12月,茅台酒厂制订《茅台酒厂全面质量管理暂行办法》，包括总则、产品质量计划、生产过程中的质量管理、质量管理体系、奖惩办法等共23条。1989年，茅台酒厂对全厂的各种标准进行收集、整理和完善，最终于12月公布了18大类109个管理标准、6大类115个工作标准，并制作成册。

1989年，《茅台酒报》刊登的一篇文章记录了1986年以来茅台酒厂的质量管理成果：举办TQC学习班7期，普及教育职工583人；参加全国4期TQC知识统考，均取得良好成绩。

这一时期，茅台成立了标准化委员管理会与计量委员管理会，建立了各级各类人员质量责任制和科室、车间质量责任制。在狠抓质量周表、轮次报表、出厂酒感观评尝结果报表、出厂酒理化检测报表外，还设立了"茅台酒质量信息反馈卡"，旨在对全厂质量进行监督。

20世纪90年代初，茅台酒厂开始向省进出口商检局申请质量体系认证报告，并开始执行《质量手册》，这标志着茅台酒厂在酒质管理上又迈上了一个新台阶。1994年，茅台酒厂进一步下发通知，要求加强生产全过程质量管理，坚持"五不准"⊖原则；8月，开展"向质量要效益"的活动。一时间，茅台掀起"质量立业""质量兴厂"的思潮。

⊖ "五不准"是指不合质量要求的原辅材料、包装材料不准投入生产、不准使用，不合格的酒曲不准发放酿酒，不合格的基酒不准勾兑，不合格的成品酒不准包装，不合格的产品不准出厂。

不断跃迁

进入21世纪，茅台的质量管理又有了质的飞跃。

这一时期，茅台开始加强各方面的质量标准体系建设，先后对ISO 14000环境管理体系、ISO 9000质量管理体系进行改进与深化，并组织相关人员对标准进行学习。各种标准的完善与应用，快速提高了茅台产品的质量，也为此后茅台香飘世界创造了更好的条件。

2001年，茅台启动"争创国家质量管理奖"活动。通过一系列措施，如加强部门落实公司各种标准体系、积极进行有机食品再认证、加强"创奖"宣传、用5S[一]标准规范工作、颁发《员工手册》（2003版）等，茅台的质量管理水平大幅提升，茅台酒的质量也稳步提高。2003年，茅台荣获国家质量管理奖。

2005年，茅台的食品安全管理体系建立并通过认证。此后，茅台迅速成立食品安全小组HACCP，以保证茅台所有产品的食品安全，提高茅台在市场上的美誉度，赢得消费者的信赖。

2017年，茅台进一步加强全面质量管理，并首次推出质量官团队。同时，为了传承茅台传统酿造工艺，保证酒的质量，茅台集团向各个生产环节的酿造师发出了技术职务聘请书，以培养更多能工巧匠、酿酒达人，"让人人都能成为工匠"。

[一] 5S 指整理（SEIRI）、整顿（SEITON）、清扫（SEISO）、清洁（SEIKETSU）、素养（SHITSUKE），又被称为"五常法则"。

2018年是茅台质量发展史上的关键一年。在这一年里，围绕基酒质量攻关，茅台全面倡导工匠精神，并成立了战略性的质量管理委员会、各领域尖端人才组成的"工艺技术攻关小组"，召开了以"加强质量管控、推进质量强企"为主题的质量月活动启动大会。生产信息管理系统也正式上线，茅台的智慧工厂之梦不再遥远。㊀特别是在2019年度生产·质量大会上，茅台宣布，茅台的质量是从生产供应端到客户需求端不断摸索出来的，这就要求所有茅台人必须树立全过程"大质量"意识，即人人都是质量官、处处都有质量关，坚持向基层人员取经，全面推进技术攻关，从而推动茅台高质量发展。

2021年3月，为了让茅台人更好地践行质量观，茅台集团开始在公司关键生产单位，如原料物资供应处、制酒车间、制曲车间、勾贮车间等，设立质量专员和质量督导员，进一步加强质量监管。

茅台酒的酿造需要遵循严格的工艺流程，其中哪怕只有一个环节改变，都可能改变酒的风味，从而影响酒的质量。而质量专员和质量督导员的设立，是茅台为质量下功夫的又一具体行动。

2021年，茅台持续强化质量管理，提出构建"365"质量管

㊀ 郭铁，戴世锦.茅台：技艺传承只为酿好每一杯酒[N].新京报，2019-08-30(22).

理体系。[1]

如何实现质量管理全过程、全场景、全员工覆盖呢？茅台以时间轴、空间轴、人物轴来阐释这一治理构想。

酿造一瓶茅台酒，从原料进厂到包装出厂，需耗时5年。如果加上更前端的原料种植与后端的销售服务，更是远不止5年。这便是茅台产质量管理的"时间轴"。在时间轴上，把田间、车间、实验室、检验室、服务门店、物流运输网络等不同的场景空间串联起来，打破"责任田"之间的业务藩篱，形成严丝合缝的质量管理"空间轴"。从首席质量官到基层员工，不同的业务流程组成不同的责任链条，这就形成了质量管理的"人物轴"。[2]

纵观茅台质量管理体系的发展、完善过程，不难看出，茅台实现了从注重规章制度到注重人的思想观念的转变。发挥人的主观能动性，树立人人都是质量官的意识，是未来茅台持续提升酒质的重要保障。

---

[1] "3"即实现质量管理体系更加完善、全域质量均衡发展、质量水平整体跃升三个目标；"6"即抓好全员质量共治、全域质量协同、全生命周期质量管控、全员全面全过程质量监督、质量生态协同发展共同体构建和质量治理能力现代化六项任务；"5"即做好组织领导、人才支撑、经费支持、督查考核、舆论宣传五大保障，持续推进茅台质量管理现代化，巩固提升茅台品质的最强核心竞争力。

[2] 张恒. 茅台集团召开2022年度生产·质量大会"五匠"呵护茅台生命之魂[N]. 贵州日报，2021-11-20.

对工艺要求苛刻

质量是企业的核心竞争力。在茅台,员工都有一个共识——质量大于天。无论上甑工人的每一次弯腰,还是制曲工人的每一次"足间芭蕾",抑或是管窖工每一次对封窖泥的关照,都是一次有关质量的苛刻追求。

茅台有着"四服从"原则,即成本服从质量、产量服从质量、效益服从质量、速度服从质量。这高度概括出茅台对于品质的态度。正是如此,2019年,作家莫言到访茅台后曾感慨:"茅台酒的质量是无法用语言来描述的。"

质量是茅台的生命之魂,是茅台最深的护城河。在漫长的历史长河里,不管经过怎样的时光历练,茅台依然故我,几十年如一日地追求卓越品质。

从传统工艺到生产管理,再到市场服务,甚至到酿造的大环境,茅台形成了一套"大质量"管理体系。其中,工艺的质量管控历史尤其悠久。茅台酒厂成立后,工艺总结、操作规范等系列规程的出炉,都是围绕质量进行的重点工作。

在任何一个工艺环节,茅台都有着严格的标准。哪怕是一张扎坛的纸,都有着传奇故事。

20世纪50年代,茅台依然采用猪尿包来密封酒坛——这是当时川黔酒业常用的密封手段。但是随着生产规模逐步扩大,产能逐步提升,茅台已无法再找到如此多的密封材料。老一辈

茅台创造力

的茅台人经过不断摸索,在保证质量的情况下,最终选择采用"扎坛"方式密封酒坛。即酒坛包装内衬用当地所产的构皮纸,再在纸张外面覆上薄膜,用绳子扎紧坛口。这种封坛方式既吸水透气又可以起到密封效果。

2010年左右,仁怀当地生产构皮纸的厂家停产,茅台只得另寻他法。为找到适合的替代品,茅台派出技术和质量部门的人员踏遍全中国,最终耗时6个月找到一家符合要求的厂家——能生产出既有一定柔韧性,又有一定强度,且没有携带任何有害物质的纸张的供应商。此后,厂家按照茅台的要求生产样品,经茅台和第三方机构检验合格后,厂家才开始批量生产。

说起这个颇具传奇色彩的纸张故事,勾贮车间的党委书记钟琳很是自豪:"在茅台的质量观里,不能出现'随便''过得去就行'这样的词语。即便是一张薄薄的封坛纸,我们也会花上6个月时间去确认。"㊀

苛刻的细节追求,贯穿在茅台生产的每一个步骤。2019年,茅台需要引入一个输酒的密封垫圈。但茅台用了半年都未找到合适的酒泵厂。最后,茅台选好合适的材料,专门定做密封垫圈,装在了酒泵中。

不管是生产酿造中运用的灌装机、运输罐,还是输酒管道上与酒体有接触的密封垫圈,茅台都要经过严格审查、检验和评估,只有合格后才能投入使用。这种看似缓慢的做法,处处

㊀ 摘自茅台时空《从细节看茅台:为一张纸,他们找了整整六个月》。

展现出茅台对质量的坚守和诠释。

曲为酒之骨。酒曲是红缨子高粱发酵的引子，酒曲的质量决定了茅台酒的质量。

茅台对于酒曲质量的把控非常严格。检验人员要对抽检发酵仓的所有曲块进行检验，包括查看曲块颜色、干燥程度，以及对比不同曲块的曲香浓度等。只有曲块合格之后，才能被磨成曲粉，送入制酒车间。

对酒的质量把控，蕴藏在每一处细节之中。许多制酒车间主任每天走进车间的第一件事，就是用手抓起搅拌好的曲坯料，感知温度，闻闻味道。他们通过这种方式查看曲坯料是否合格，随时了解生产情况。

在制曲车间，班长和曲师每天都会在开机前对原辅料进行质量检测，在开机后也会不间断地去检查曲料情况，通过曲料水分、手捏成团状态等，判断曲料是否符合生产标准。

曲块的高度和紧实度都是可被量化的考核指标。踩好成型的曲块，其高度和紧实度必须在工艺标准范围内。对于曲块质量的抽检，茅台有自己的特殊方式。比如，一旦发现不合格的曲块，检查人员会插上一面小旗子。这不仅意味着曲块要重做，班组还会被惩罚。茅台希望通过各种方式，强化铸牢质量匠魂，贯彻"质量是生命之魂"的理念，为酿造高质量茅台酒而不断努力。

但客观地讲，要踩好曲块，真不是一件容易的事。因为

员工有性别、体重等方面的差异。踩多少步、用力大小等都有讲究。曲块踩制好后，准备入仓，也是一件细致活儿。入仓之前，员工要检查稻草情况、曲块堆叠的稳定性及曲块发酵温度等，只有每一项指标都合格，才准许曲块入仓。当然，曲块贮藏期间，仍要随时关注曲块情况，以保证温度适宜。

制酒车间，则是另一个把控质量细节的战场。

酒师会端着一个不锈钢碗，专注地看着从管子里涌出的酒花，并查看酒花的大小、形态和密集程度，以判断此轮次基酒酒质。以防万一，酒师还会用酒精计对判断结果进行复核，并做好记录。

不仅如此，茅台工匠还会对每一个关键指标，以及整个工艺流程进行监控。同时，做好数据采集与分析，并上传到茅台生产数据管理系统，为以后酿酒提供支撑，从而保证酒质稳定。

从对一张纸的挑剔，到对曲块高度、紧实度的要求，再到以酒花定基酒，无不体现出茅台对质量的坚守和追求。茅台人深知"质量是生命之魂"，因此，他们在每个生产岗位、每个工序环节，始终做到精益求精、一丝不苟和追求卓越，真正把匠心融入灵魂，把质量做到极致，凝聚全体茅台工匠的智慧和力量，共同守好质量关，让工匠精神根植新时代的茅台信仰，为茅台高质量发展奠定坚实的基础。

把控细节的战场

把控细节，酿造世界上最好的酒，已经成为茅台人最坚定的信仰和追求。在车间管理方面，茅台人提出了诸多极具创意的管理方式，为质量稳定奠定了重要基础。

"活"的管理

在茅台车间有一个特别的现象——车间管理人员要不停地走动着在车间巡视。这种特别的管理方式被称为"走动式管理"。所谓走动式管理，原理非常简单——要求管理人员主动到生产一线去，及时了解生产情况，发现问题，解决问题，从而让员工在生产中没有后顾之忧。

严钢每天的工作就是从巡查开始的。最常见的一幕是，他开着车在全厂巡视，从晾堂操作，到上甑，到基酒入库，对所有的工艺操作环节进行一一检查。

任意一个车间出现生产上的疑问和难题，严钢都会蹲守在这个车间，直到把问题解决。"我们天天在车间跑。好的地方不讲，一旦发现哪里有问题，就要马上跟车间和班组沟通，把生产环节把控好。"严钢严肃地说道。

日行两万步，是严钢对茅台走动式管理的深刻体会。茅台把质量视为生命，而仔细管控生产细节，就是对质量的最好守护。

无独有偶，对许多车间管理人员而言，他们的中心工作集中在两件事上："跑"在生产一线，"看"生产数据动态情况。日行上万步是他们的常态，茅台人坚信，只有时刻驻扎一线，才能更快更细地了解生产，从而提供更加科学、精准的指导。

走动式管理的概念出现时间较晚。1982年，美国管理学者彼得思（T.J.peters）与瓦特门（R.H.Jr.Waterman）联合出版了作品《追求卓越》，书中第一次提到了"走动式管理"这一概念。此后，走动式管理蔚然成风，被各大企业争相引进。

实际上，就实践操作而言，走动式管理在茅台的历史非常久远。提出"以酒养糟"理念的王绍彬，是茅台建厂后的第一批酒师。他一生指导酿酒生产，把下一线作为重要方式。甚至在生命的最后时期，他仍坚持住在厂里，拄着拐杖到现场指导生产。

二十世纪八九十年代，茅台正式从科学管理角度引入了走动式管理。这源于当时的二次酒掉排，季克良在走访车间过程中发现了解决这一生产难题的关键。正是如此，季克良曾总结道："需要'下去'。"

此后，他接受一位副厂长的意见，将走动式管理推广至全厂。时至今日，这一灵活的管理模式仍然在产质量管控中发挥着重要的作用。并且，茅台还将其不断升级，以更贴近生产需求。考虑到车间数量众多，茅台特地为首席酿造师配备了一辆电瓶车。各个酿造师可根据实际情况，采取适宜自己的方式去车间巡查。

许多车间都希望首席酿造师指点一二，甚至还有员工主动打电话，邀请严钢指导生产。正如严钢提到的："现在年轻人都很勤快，我们一去，年轻人都跟着团团转，看我们怎么弄糟子，如何处理生产中出现的问题。"

走动式管理是发现问题、解决问题的有效途径。严钢提到了一个令自己印象深刻的案例：一次他受邀去车间检查，刚一走近便闻到一股异味。显然，发酵过程出了问题。他当即仔细检查，发现问题根源在窖池。以前茅台酒厂的窖池是一字形窖池，底部类似蝌蚪形状。这样的窖池利于厌氧发酵，多余的水分会渗透排走，同时窖井有水，会调整酵堆发酵的温度。后来，茅台酒厂窖池变成十字沟状。这种窖池通气性太强，糟醅入窖之后升温过快。正常窖池的温度是二十七八度，通气性太强的话，温度便会上升到三十几度。温度过高，产量就不好。严钢见状，当即指导员工将十字形窖池改为一字形窖池，最终解决了生产中的异常。

车间自己定管理方式，是茅台管理的另一大特色。其目的在于给予车间自主性、灵活性，以调动员工积极性。

为了更好地抓好产质量，茅台制酒十车间积极探索生产管理新方法、新模式，最终通过实施生产管理"十员"法，把车间管理人员和班组骨干的责任明确落实，从而增强车间整体协作能力，持续提高产质量。

生产管理"十员"法，是指当好制酒生产的"勘探员""收银员""驾驶员""档案员""审判员""侦查员""纠察员""教练员""质量员""安全员"，实时谋划和研判生产，并动态跟踪整个生产管理过程，做到各个生产环节紧紧相扣，从而形成完整

的生产链条，以保障全年生产稳定可控。通过生产管理"十员"法的实施，十车间的生产沿着既定目标平稳向好发展。

又如，时任制酒二十一车间主任梁宗保创新提出了员工日评分管理方式。每日总分10分，以此考核员工。"实行日评分，主要是更客观地评价员工的工作业绩和工作态度。打个比方，如果生病，可能这一个工作日要扣0.5分。如果迟到，那么可能要扣1.5分。违反安全操作规则，可能要扣5分。针对不同情况，我们制定了一个专门的日评分考核细则，考核员工要有依据。"日评分制度与绩效直接挂钩，对员工的管理规范效力极大。

放权给车间，让其自主定管理，是茅台的一大特色。正如梁宗保提到的："我们不制定标准，只制定相关管理规定。"但是车间自己创新的管理规定要报备，一切变化都不能影响质量。

小改造，大效益

在茅台的全面质量管理中，质量管理小组（简称QC小组）是发动全体员工广泛参与质量管理的有效形式之一。时至今日，QC小组仍旧具有调动员工积极性以关注产质量、解决生产难点的重要作用。

QC小组成立于20世纪60年代，旨在通过运用质量管理理论和方法科学地开展活动，为产质量等服务。我国QC小组的发展历史，可以追溯到1978年改革开放之际。当时，我国从日本引进全面质量管理理念，作为质量管理四大支柱之一的QC小组，就此进入中国。

1978年9月，北京内燃机总厂QC小组的成立，意味着我国第一个QC小组的诞生。一年后，第一次全国QC小组代表会议在北京召开。会上，QC小组发表的成果引起了与会人员的强烈反响。基于此，一封面向全国工业企业职工的QC小组活动倡议书发布。从此，QC小组这项群众性的质量管理活动，如雨后春笋般在各行业发芽生长。

1980年，位于西南一隅的茅台酒厂也不甘人后地引进了QC小组管理方法，并在各车间班组开始建立QC小组。此后，随着茅台的成长与发展，QC小组在提高产品质量和工作质量中发挥出极其重要的作用。

实际上，QC小组在茅台的发展并不容易。已退休的茅台集团老领导吕云怀提道："20世纪80年代，茅台交通不便，信息闭塞，开展技术改进、革新工作面临物质短缺、技术落后等问题，但全体员工克服了一切困难，一直坚持开展活动。"

1981年，QC小组活动推行一年后，茅台制酒二车间15班QC小组便获得了贵州省QC小组成果奖，并参加了省质量交流会。此后，茅台在企业创新管理、质量严格把关等方面不断深入发展。

在中国质量协会举办的第十七届全国QC小组成果发表赛上，茅台再次取得佳绩。特别是菁华QC小组的创新型课题，更是荣获了一等奖。2017年1月，菁华QC小组研究的"酒醅乙醇含量快速测定新方法的研发"课题成果被成功转化，应用到了

公司生产管理部实验室。这一新方法可以监测从入窖到出窖整个生产过程中的乙醇含量，且简单易操作、准确度高。这一成果填补了中国白酒行业在乙醇含量监测方面的空白。

更多与生产紧密结合的创新成果不断涌现。2019年底，茅台制曲车间的风火轮QC小组在工作过程中发现，每当干曲仓开仓取曲时，栈板就损坏严重。经过调查，小组成员才找到原因——干曲仓栈板与卡槽之间连接得比较紧，开仓和关仓时上栈板比较难，因此员工只得用叉车取放栈板，导致栈板损坏。为了安全生产、降低成本、节能环保、提高效益，风火轮QC小组立即确定攻关课题——降低干曲仓栈板损坏率，并迅速展开研究。经过不断尝试，他们最终确定方案：进行门闩式合页卡槽改造。

然而，任何创造都不是一蹴而就的，而是要经过实践的检验。因材料问题和技术问题，风火轮QC小组的多次实验均以失败告终。但小组成员越挫越勇，不断实验、比对、改进，再实验、再比对、再改进。最终，经过10个月的摸索，在2020年10月，他们终于确定了分段门闩紧锁式卡槽的改造标准，并在多个车间班组之间进行试用。

说起这个小小的改造，制曲二车间12班班长赵文富非常兴奋，他提到以前栈板损坏率很高，每开一个仓就要坏四五块。现在规范装仓后，不仅一块栈板都不会损坏，操作还更加便捷安全。从2021年开始，这种分段门闩紧锁式干曲仓卡槽的应用

逐渐在制曲二车间推广开来。㊀

截至2021年底,茅台已注册了1万余个QC小组,累积参与人数达到10万余人次。㊁这些QC小组正在茅台持续不断地发光发热,他们通过辛勤钻研,创造出了许多优异成果,为茅台降低能耗、改善质量做出了巨大贡献。多年来,茅台多次荣获"全国质量管理小组活动优秀企业""全国轻工行业质量管理小组活动优秀企业"等称号。

正所谓小改造凸显大效益,正是茅台人一点一滴的小改革,降低了茅台的生产成本,逐步提升了茅台的经济效益、环保效益及社会效益,助力茅台在高质量发展的道路上越走越远。

一瓶酒的管控

从原料到生产、包装、物流运输,整个环节层层把控,是茅台保证一瓶酒质量的全流程管控法则。

从源头抓起

原料是一瓶酒的源头,是酿酒的基础,因此茅台将原料基地称作生产的第一车间。

2002年,在仁怀市农业局挂职担任局长助理期间,梁宗保

㊀ 摘自贵州茅台《这群脚踏"风火轮"的年轻人,有了不起的"小改造"》。

㊁ 摘自茅台时空《茅台集团QC小组不一般,先后10万余人次参与,看看这份40年的成绩单》。

耗时一年走遍了仁怀19个乡镇。当时整个仁怀号称有10万亩有机高粱，但梁宗保对整个仁怀进行摸底调查后发现，其实只有4万亩有机高粱。

原料是首要生产要素。"那时候我们有机高粱基地的条件很薄弱，需要进一步加强。"从这以后，茅台在有机原料基地建设方面迎来了极大的改变。

茅台开始积极投入资金，加强仁怀市及毗邻地区有机原料基地建设，并坚持"订单化种植、标准化生产、信息化收购"原则，推动实施"公司＋基地＋农户"的三级管理模式，以维护农户利益，保证原料品质。同时，原料生产基地还配有专门的生产管理人员、检查人员及有机生产跟踪记录人员，以便随时监测原料生产状况。

仁怀市有机高粱基地队长陈兴亮，年纪六七十岁，却丝毫不显老态。他对高粱基地的管理极富经验，一个笔记本上满满地记录着辖区范围内高粱的生长情况。

他提到，各原料生产基地从有机种子、有机肥到生物农药，均由相关部门统一采购和储备，如果出现病虫害，则需及时上报，待到批准后才能使用相关生物农药。此外，茅台还建立了举报机制，只要有农户违反了相关制度，将被取消种植资格。在如此严密管控之下，原料问题被扼杀在摇篮之中，从而保证了原料的高品质进厂。

经过基地的层层把关后，原料得以成熟收割。在将其质变为美酒之前，茅台质检部门的检验人员会根据高粱和小麦的检验指导程序，严格执行取样、检验、判定、样品保管和不合格品的处置五大步骤，对原料基地提供的红缨子高粱和冬小麦进行感官质量和理化质量的标准检测。[一]

以小麦为例，从感官上看，小麦需颗粒饱满、坚实，大小均匀，颜色金黄，且没有霉变。理化检测方面则包括水分、淀粉、千粒重及夹杂物等的检验，感官检测与理化检测合格后才被确定为合格原料。接着，合格原料还需通过车间和班组的双重检测。检测期间，车间和班组会严格遵守"三不准"原则——不合格的原料不准进入工厂；上道工序中存在的不合格品不准流入下道工序；不合格的产品不准进入市场。其中，原料样品会保存下来，直到该批原料用完为止，以便出现问题时追踪溯源。最终，经过公司、车间、班组三级检测之后，原料才会投入生产。

不只是品评

当不同轮次的基酒（也叫半成品酒）被送入酒库之后，检测人员就开始对其进行感官品评、分型定级和酒精度测量。当然，不同的酒体有不同的感官品评标准和酒精度要求。半成品酒有酱香、醇甜、窖底三种典型体，包括显窖香、带酱味及两种或三种香型兼而有之的混合香型体。一般而言，检验人员会

[一] 中国贵州茅台酒厂有限责任公司.中国贵州茅台酒厂有限责任公司志[M].北京：方志出版社，2011.

被分成多个品酒小组，每个小组6人，采用暗评的感官品评方式对不同酒样逐个分型定级，然后将品评结果填写到《新酒品评统计台账》上。品评结束后，再根据少数服从多数的原则，进行最终的分型定级。

基酒被分型定级后，就被送往勾贮车间进行勾兑并存放。当茅台酒即将出厂时，还要由公司评酒委员会成员对其进行品评鉴定。品评鉴定时按照相关质量标准，进行色、香、味、风格的一一对照。每轮品评两杯，一杯为标准酒，一杯为待评酒，进行感官品评。

品评好后，评酒成员根据结果打分，并填写《评酒单》。评酒结果采用百分制（或计票制），只有样品酒的得分（或票数）超过或达到标准酒的得分（或票数），且每次评委成员有半数以上认可，这瓶样酒的感官品评才是合格的。感官品评合格之后，质量检验部才会进行理化卫生指标和微量成分的检测。

感官品评和理化检测合格的样品酒，要填写"出厂酒品尝理化鉴定记录表""出厂酒品尝理化鉴定统计表"和"待灌装酒通知单"。在灌装时，还要再一次对酒进行复评。只有复评合格才能填写"出厂酒品尝酒理化鉴定通知单"和"出库通知单"。㊀单据填好之后才可运送到包装车间进行包装。

㊀ 中国贵州茅台酒厂有限责任公司.中国贵州茅台酒厂有限责任公司志[M].北京：方志出版社，2011.

最后一道质量关

包装，是茅台酒进入市场前的最后一道工序，也是最后一道质量关。

出厂包装质量的检查需要检验员按照《产品质量管理标准》和《茅台酒包装生产作业指导书》等规范守则，对要包装的酒进行内在质量检查和外观质量检查。[一]一般而言，需要有一名跟班检验员对整个包装流程进行跟踪检查，并且每日填写《产品包装质量日汇总表》，以便发现问题及时纠正，保证出厂酒零失误。

完成包装后，还要采用随机抽样的方式进行抽检，标准是500箱以下按2%抽样，500箱以上按1%抽样。只有所有抽样产品检验合格后，才会装箱，盖上合格印章，填写"合格产品入库记录表"。之后，产品才能出厂上市。

当产品出现卫生、质量或包装材料等问题时，就要全部返工，直到100%合格为止。随着对每瓶酒的质量管控的不断加强，茅台的返工率正在不断下降。比如，2002年的返工率是0.92%；而到2008年，在检验的3 175多万瓶成品酒中，返工率仅为0.14%。[二]

[一] 内在质量检查包括容量、卫生、酒精度的检查，外观质量检查包括酒瓶、商标、背贴、丝带、彩盒、纸箱、免水胶纸、打包带、防伪标识等包装材料的检查。

[二] 中国贵州茅台酒厂有限责任公司.中国贵州茅台酒厂有限责任公司志[M]. 北京：方志出版社，2011.

技术对包装车间的改变最为明显。过去，老生产线上会专门有一批人观察茅台酒瓶内部是否干净。人眼识别很容易产生疲惫感，也不能百分之百保证瓶内无杂物。后来，茅台结合生产场景，找到一种适宜的摄像头，摄像头探入瓶口，会自动判定瓶内是否清洗干净。如果不干净，它会识别并剔除该酒瓶，以保证酒瓶质量合格。

1980年茅台酒质量品评例会。右起： 副厂长季克良、王绍彬、党委书记兼厂长周高廉、副厂长王治、邹开良等

如今，茅台已建立起规范的管理标准体系和技术标准体系，这些标准几乎涵盖了从原料进厂到酒体形成，再到茅台酒出厂的整个流程，最大限度地做到从每一个细节上保证茅台酒的质量。

打通"最后一公里"

一瓶酒生产全过程质量监控的结束,并不意味着茅台不关心此后的环节。

为保证茅台酒能够顺利进入市场,茅台不断加强对运输配送环节的把控,确保茅台酒的运输安全。

此外,为保障消费者权益,茅台开发了物流查询系统,优化了客服流程,实施24小时客户呼叫服务,让消费者能够随时随地知道自己所买的酒的情况。同时,不断开展线上线下活动以持续提升服务质量,尽最大努力保障消费者合法利益。

为确保酒体货真价实,在每年的经销商大会上,茅台都会与经销商签订诚信经营承诺书。同时,茅台还建起了庞大的经销商信息系统,以便查询经销商的经营资质,确保茅台酒的经营规范。

茅台始终坚持"质量第一"的行为准则,为树立良好的品牌形象而不断努力。

讲好茅台故事

历史的见证者

品牌背后,总有一段历史,历史充满了跌宕起伏、风云莫测,但有值得深挖的核心文化价值。一直以来,茅台深厚的文化底蕴,对品牌打造产生了深远的影响。文化,成为茅台连接自身与消费者和社会的媒介,为企业持续经营筑好根基。

崇本守道

崇本守道,是贯穿茅台发展始终的文化基底。

众所周知,茅台酒的酿造工艺是在长期的生产实践中形成的。它传统而悠久,顺应茅台镇特有的气候环境而创造,具有"道法自然,天人合一"的特质。

在古老的酿造工序中,蕴含着中国传统的文化因子——端午制曲,重阳下沙,酿酒期间严格按2次投料、9次蒸煮、8次发酵、7次取酒,经分型定级贮存,再勾兑窖藏,后包装合格再出厂。整个生产周期长达1年，为中国白酒酿造周期之最。

此外，茅台还坚持采用有机红缨子高粱和小麦；坚持贮足陈酿，不卖新酒；坚持只设质量奖，不设超产奖。从这些角度而言，茅台人是固执的"保守派"。

绿色生产，是茅台遵循传统的另一体现。从田间的原料开始，茅台打造了一条绿色供应链。从原料生产过程的绿色无污染，到投入使用中的绿色生产，再到原料使用完毕之后的科学利用，茅台人孜孜不倦，最终开拓出一条与自然和谐共生的发展道路。

自然道法，顺遂四季。这瓶自然馈赠的礼物，融合了中国传统天文、历法、节令的思想。实际上，若回归企业的本质，茅台想不想扩张？想不想复制生产？答案自然毋庸置疑。

茅台人坚持一种"道"。他们深知，改变传承千年的酿酒工艺，改变坚守百年的质量追求，便是对"道"的违背。正如茅台集团前董事长、总工程师季克良所言：质量是茅台酒走向世界的"通行证"。翻遍中外企业发展史，凡是百年老店、世界名牌，没有一个不是靠高质量起家、成名、做强、做大、做久的，靠炒作品牌获一时之利者终究难成大器。[○]

从小作坊到现代工厂，再到向现代企业转型；从计划经济时期的"皇帝的女儿不愁嫁"，到市场经济时期的"一入浪潮深

○ 罗双全，罗仕湘，郭孝谋.崇本守道 质量至上——国酒茅台文化理念解析笔记（6）[N].河南商报，2009-12-14（A04）.

似海";从中国名酒到世界三大蒸馏酒之一……传统与现代、保守与创新如涌动的云海不断变化。这种不断内化的变化,与"崇本守道"精神遥相呼应,成为茅台行稳致远的关键因素之一。

卓越匠心

在中国的传统文化中,"匠"字与手艺关系紧密。《说文解字》称,"匠,木工也"。在茅台,匠人匠心的本质就是中国传统文化在现代企业中的延续。匠人,是茅台蓬勃生长的养料,成千上万的工匠共同撑起了质量的"天",夯实了生产的"地"。为宣传工匠精神,鼓励员工潜心酿酒、专注传承,茅台采取了诸多措施,比如,表彰茅台工匠,举行工匠退休仪式,返聘老员工等。茅台始终秉持一个观点,生产和质量是茅台最重要的事情之一,没有工匠和工匠精神,茅台这瓶酒是酿不好的。

因此,茅台人提倡把品质作为核心,把质量作为生命之魂,大力发扬工匠精神和绣花精神,以匠心酿造出世界上最好的美酒。

酒师钱复元提到,在茅台,人人都是工匠。这是贯穿全集团的理念,而非只是一线生产员工的坚持。茅台把大量心血、大量资源向工匠倾斜,以期真正找到产量和质量的平衡。

2016年,茅台成立了大师工作室和专家工作站,意在推动茅台人才体系建设,传承并创新茅台核心酿造工艺,鼓励员工人人争当工匠。基于此,还形成了"引进达人、用好匠人、培养传人"的人才持续再生机制,使"授业、传艺、育才"的学习氛围在厂里广为传播，为生产高品质的茅台酒打下了扎实的人才基础。同时，也为茅台工艺在传承中创新、在创新中传承创造了便利条件，更为持续提升茅台酒质提供了智慧支持。

2017年，茅台制酒八车间成立了匠人工作室。匠人工作室改变了传统的一对一教徒方式，形成了多对多的全新方式，是师徒制的更高级表现形式。这种方式有利于博采众长，汇聚众人智慧，为酿酒生产提供更有利的支撑。

匠人工作室是茅台落实"以千万个工匠撑起茅台质量的天"的具体体现，有助于工匠精神在茅台开花结果，既能发挥出个体工匠的技术优势，又能够集众人之长，展现出整体工匠的力量，达到"1+1＞2"的效果。同时，还能让员工有更多的参与感、成就感，从而激发员工的工作积极性。2017年进厂的员工熊胜潭感受尤为深刻，他提到，通过匠人工作室这一平台，自己用一年时间就成为车间的副班长备选人。

2019年，茅台针对集团生产技术性岗位设立了"茅台工匠奖"。通过评选活动，茅台寻找在生产一线上甘于奉献、乐于奉献、吃苦耐劳的工匠，以发挥其标杆示范作用。作为茅台长期、系统的人才激励工程，"茅台工匠奖"的设立，将产生长远的积极意义。

时代不断更迭，历史不断向前，一切都在变化。但在茅台，匠心文化始终得以传承，并在今天内化为茅台实实在在的生产力量。越来越多的茅台工匠，正成为推动茅台高质量发展

的生力军。

红色基因

与其他名酒相比,茅台酒有着一大显著的特色——茅台是历史的亲历者。1935年,长征中的红军途经茅台镇,由此,茅台与中国人民军队结下深厚情缘。中华人民共和国成立后,茅台酒在国家重要宴会、国际外交及国家经济发展中的重要作用,更赋予了茅台独有的品牌价值。

一路走来,茅台始终与国家同行。最为突出的表现就是茅台的"五星"商标。1949年中华人民共和国成立,红色五角星图形被赋予了新的深刻意义。也因此,1953年,茅台酒厂在商标的设计上,选择了红色五角星、齿轮和麦穗图案。五角星寓意着传承长征精神,齿轮代表着工业,麦穗则代表着农业,加之红色和金色这些喜庆颜色,不仅表现出对酒厂获得新生的喜悦,更是对中国掀开新纪元的庆贺。"五星"商标凝聚着人们对美好生活的追求,一直沿用至今。

以小窥大,从商标这一小小细节,就能窥见茅台成功的密码——传承与发扬红色文化,并将长征精神融入企业发展的每一历史阶段。

时至今日,爱党爱国已然成了茅台的红色基因和文化传统。因此,茅台一直注重红色文化的传承与发扬。

在茅台制酒十四车间的"天香"书屋内,书桌上摆着一排排整齐的书籍——《中国共产党历史》《建党伟业》《人民的选择：为什么是中国共产党》……偌大的空间，员工们安静地围坐在一起，认真阅读手里的书籍。整个书屋安静得落针可闻，只有时不时的哗哗翻书声。

2021年3月以来，茅台集团工会从全厂征集了100本红色文化图书，在公司组织了"接续奋斗史，学习正当时"的红色图书巡展活动，旨在用这种创造性的方式把党史知识传递到员工身边。

对此，制曲六车间员工欧彬感触颇深："每重温一次党史知识，思想都会得到一次升华，今后我将更加珍惜当下的美好生活，将小我融入大我，把爱国主义精神内化于心，外化于行。"㊀

奋进的茅台人没有忘记先辈创业之艰辛，他们在传承传统酿酒工艺中，积极学习、发扬先辈拼搏奋进的精神，助力茅台再创佳绩，跨上发展新台阶。

弘扬家国文化

茅台酒厂自诞生之日起，就与国家有着千丝万缕的联系。

二十世纪五六十年代，茅台作为硬通货，是中国换取外汇的重要商品，为中国由农业国向工业国转变做出了积极贡献；

㊀ 方存芳.党史学习教育进基层，"流动书屋""走新"又"走心"[N].企业家日报，2021-07-27（5）.

二十世纪七八十年代,茅台作为招待外宾的饮品,是中国打破交流壁垒,实现友好外交的催化剂;21世纪后,茅台逐步走向世界,成为中国民族品牌在世界舞台上的代表,展现着中国的大国胸怀和宏大气魄。

正如一位茅台人所言,当他们行走在茅台办公大楼前,看着周总理屹然挺立的雕像,看见大楼顶端熠熠生辉的"爱我茅台,为国争光"八个大字时,总能深刻地感知到茅台与国家命运紧密相依。

从茅台提出的发展理念,可以窥见这家企业背后的家国情怀。1953—1982年,在这三十年的时间里,茅台根据时代背景和生产需求,先后提出不同的企业发展理念。比如,"搞好生产,为民谋福,为国争光""提高质量,为祖国、为毛主席争光""苦战一年,为把茅台建成大庆式企业而努力"等。

1985年前后,因改革之风影响,中国白酒行业盈利持续增长,茅台镇上出现了酿酒热。受利益驱使,不少人开始"内外兼修",既在茅台上班,又在外面的小酒厂兼职。一时之间,茅台员工人心浮动得很厉害,生产也面临困境。

为了扭转茅台人心向外的现状,恢复茅台正常生产,茅台领导班子迅速采取行动。以邹开良为代表的领导班子认为,应当站在员工角度,改变企业发展理念;同时,应基于茅台酒的特殊地位,强化员工对这一瓶酒的价值意义的认识。

于是,一场在全厂职工中广泛开展的"我爱茅台,为国争光"的思想教育活动便开始了。活动给全厂员工灌输茅台酒是世界名酒，酿造好茅台酒就是为国争光的思想观念，并悬挂出"我爱茅台，为国争光"的经典标语。

随着"我爱茅台，为国争光"思想教育活动的深入开展，员工的思想有了很大转变。这一时期，《茅台酒报》应运而生。报纸上刊登大量的思想宣传内容，与酒厂的思想教育活动相得益彰，于润物细无声之中影响着茅台人。

1989年，《茅台酒报》刊登了时任制酒一车间5班酒师的韦体国的倡议——重视"我爱茅台，为国争光"精神。制酒三车间18班酒师黄国刚原本想外出"赚大钱"，但在车间召开的"我爱茅台，为国争光"活动感召下，决定一心一意留在茅台搞生产。

员工与企业的关系在此过程中愈发紧密。1989年，在茅台进行自主式车间改革时，急需一笔改革基建费用。这是连工资都发不出的困难时刻，但当厂里发动员工集资时，得到了大家的踊跃支持。

一个共识在工人心中开始形成：酿造茅台酒不仅是份生计，还是与国家名誉相关的大事。工人的酿酒价值被赋予了更深的含义，企业内部由此形成了极强的凝聚力。正如茅台集团前董事长季克良所说，企业精神是企业崛起的支撑。没有"爱我茅台，为国争光"的企业精神的支撑，茅台不可能拥有那么

巨大的创造力和发展力。[一]

2003年，茅台企业精神由"我爱茅台，为国争光"改变为"爱我茅台，为国争光"。这一字之差，不仅仅是字句的转换，更为重要的是展现出茅台人的主人翁精神，茅台人以自己是茅台员工为荣的高度责任感，彰显出中国企业的一种价值取向、思想境界和理想追求。

"爱我茅台，为国争光"这一企业精神将个人利益、企业利益和国家利益紧密联系在一起。一方面，个人应坚持酿好一瓶酒，成就自我价值，而茅台则为个人价值的实现提供平台；另一方面，企业应不断发展壮大，为员工提供更高水平、更高品质的生活，以及为社会发展做出应有贡献。企业与员工之间形成相辅相成的关系。

在茅台人心中，茅台酒厂还具有家的属性。今天，无数企业都试图打造企业中的家文化，以提高员工忠诚度。但是，家所承载的含义如此之重，一般企业并不具备这项能力。

为何茅台具备家的属性？

在很大程度上，是先天的基因铸就而成的。茅台酒厂身处西南偏远地区，酒厂招聘的员工大多是土生土长的当地人。淳朴的关系网，奠定了茅台最初的架构。大家热爱这片土地，珍惜茅台酒厂的荣光。此后，随着酒厂不断发展，"茅二代""茅三

[一] 罗双全，罗仕湘，郭孝谋. 爱我茅台 为国争光——国酒茅台文化理念解析笔记（4）[N]. 河南商报，2009-12-11（A22）.

代"登上发展的舞台。一代又一代的精神传承,源源不断地丰富着茅台家文化的内涵。

"随便一问,基本上都有亲戚朋友在酒厂。"车间一位酒师自豪地说,这是茅台的特色,也是茅台人团结紧密的重要原因。因为就本质而言,巨大的茅台酒厂,就是无数个小家庭构成的。这带来的直接影响就是,茅台人与企业共存共荣的信念非常强烈。

2008年,一场突如其来的雪灾,使茅台供电线路受损,全厂突发停电故障。此时,早班工人已经到岗,面对突然停止运转的机器,工人的工作却并未停止。他们二话不说便拿起工具,分工有序地再次忙碌起来。

当被问及为何这样做时,大家都异口同声地提到,自然灾害无法避免,但事情已经发生,不能坐以待毙,要积极采取相关措施,尽量把损失降到最低。

随着茅台的发展壮大,这一企业精神不断演化为热爱工作、恪尽职守的敬业意识,演化为关注社会、支持企业改革发展的奉献意识,演化为追求一流产品、一流服务、一流企业的卓越意识,演化为胸怀祖国、根植民众的家国意识。

踩曲车间灵动活泼的制曲工人双脚不停地运动着,力争踩出最好的曲块;酿酒车间大汗淋漓的烤酒工人不停地挥动着手中的铲子,翻搅着酒醅,保证酒糟得到最好的发酵,生产出高品质的酒液;不辞辛苦、奔波于设备间的维修人员未雨绸缪,

消除设备隐患，保证生产正常运行。茅台在家国文化的浸润下，不断成长。

今天，"爱我茅台，为国争光"已不仅仅是一个口号，它已内化为深爱茅台企业、维护茅台荣誉和利益的忠诚意识，成为茅台人的行为准则和实际行动。

让世界看见茅台

从巴拿马万国博览会的"一摔成名"，到如今全球每年一度的茅粉节，经历岁月的风风雨雨，茅台逐渐以开放包容之姿走向了世界。

随着和平发展成为世界共识，新的世界格局正在形成。中国作为世界格局的一支重要力量，在全球发挥着越来越重要的作用。茅台作为中国在世界舞台上的一张名片，也在紧跟时代步伐，勇敢地迈向全球市场。

从20世纪50年代开始外销时经历商标歧视、包装简陋等问题，到1993年获得进出口权，再到今天的"中国茅台，香飘世界"；从为国家赚取外汇，到今天向世界传播中国文化……茅台一步步强大起来，成为誉满世界的民族品牌。

2015年，茅台酒海外销售区域覆盖了五大洲的53个国家和地区，特别是"一带一路"沿线国家和地区。茅台的海外布局正在日趋完善。

2015年是茅台发展极其不平凡的一年。这一年，以金奖百年纪念为开端，茅台相继在意大利米兰、美国旧金山等地开展品牌文化推介活动，目的在于让世界更好地了解茅台这个中国民族品牌，让更多人看到中国强大的文化自信和发展自信。

这引起了海内外舆论的高度关注，有人将其称为"茅台现象"。此后，茅台都会在全球开展年均260多场文化推广活动，包括品鉴会、展会、活动赞助、品牌推介会等。丰富多彩的活动加深了海外消费者对茅台的认知、对中国白酒文化的理解，拓展了中国白酒行业的视野，使茅台引领着中国白酒企业积极走出去。

这些年来，为了讲好茅台故事，适应新形势变化，茅台进行了诸多方面的探索，最终实现了从卖酒到卖文化的转变。特别是2019年，茅台全面启动"文化茅台"建设，以独特的风味和深厚的文化向世界各地人民讲述着中国的传奇故事。

一个比较显著的方式是，从中国的文化元素入手。茅台从中国千百年的文化中提取出符合自身的、具有中国代表性的文化符号，立足自身发展历史，融入中国酿酒文化、品鉴文化、匠心精神和中华民族价值观等，形成独树一帜的品牌文化，并坚持"文化出海"。比如，把自身的文化属性和所在地理特性结合起来，从"集灵泉于一身，汇秀水而东下"的赤水河，到"天人共酿，道法自然"的酿造古法，再到茅台镇独产的原料高粱等，科学阐释了"离开茅台镇，就产不出茅台酒"，表明了茅台酒是贵州茅台镇特有的佳品，凸显出茅台酒的稀缺性，让海

外消费者更加了解茅台和茅台酒。

与此同时，茅台把中国诗词文化融入茅台酒中，展现出茅台酒的深厚文化内涵，以诗会酒，向世界展示中国诗酒文化的魅力。例如，2020年，"茅台文学社"诗歌故事征集活动便以诗仙李白醉卧赤水河开场。

世界是多元的，每个民族都有自己的文化属性。一直以来，茅台都在尝试从中国文化和海外文化中寻求平衡。

为了让更多海外消费者了解茅台酒，领会一杯酒中蕴含的中国文化，从海外宣传到营销方面，茅台始终在不断强化人文关怀，凝聚"茅粉"的心。

自2017年开始举办的全球茅粉节，是其中的典型代表。茅粉节汇聚了来自不同国家、不同地区、不同行业、不同年龄的"茅粉"。因为共同的爱好、共同的价值取向和共同的文化追求，他们汇聚一堂，交流茅台文化，领略茅台之美。在此过程中，他们还可以了解茅台酒千百年来的发展历史，与茅台酒大师面对面交流心得体会，感受茅台企业的责任担当与大国情怀等。

2019年，茅台又在海外社交媒体平台上不断推进"文化出海"，以吸引海外消费者关注茅台、爱上茅台，增强茅台用户黏性。

经过一年的努力，平台上的茅台粉丝不断增加，茅台品牌受到了更多海外消费者的肯定和欢迎。数据显示，截至2022年

4月，茅台海外各社交媒体主页总粉丝量超过205万人，日均粉丝增长量超过1 000人，日均互动量达到11 000+，全球累计曝光量超10亿次。㊀

越来越多的海外消费者通过Facebook、Twitter、YouTube等平台认识茅台、了解茅台，感知茅台所蕴含的厚重文化。甚至很多消费者都希望亲自到茅台领略赤水河风光，感受茅台镇魅力并品尝茅台美酒。

在全球化背景下，茅台影响力正在持续扩大，已然成了中国文化的传承者和宣传者。来自多米尼加共和国的留学生Jamie提道："我早在家乡就听说过茅台酒的盛名，如今来到中国参加一年一度的茅粉节，切身感受到了中国白酒的魅力，以及茅台酒的深刻内涵。"

除此之外，茅台还积极参与国际公益事业。在澳大利亚，茅台集团向全球知名学府——新南威尔士大学捐赠了45万美元，设立了茅台奖学金，为培养优秀人才做出贡献，也为中澳两国文化交流搭建起桥梁；在非洲，茅台集团拿出300万元在马普托市援建卡腾贝学校，以改善校园环境，提升教学质量，帮助孩子们好好学习、健康成长，为莫桑比克的教育事业贡献了茅台力量；在欧洲，茅台大力支持社会公益，2020年12月，法国巴黎举办了世界儿童艺术展，为全球儿童提供自我展示平台，茅台经销商积极参与。

㊀ 摘自茅台国际《坚定不移走好紫线发展道路，以文化为品牌全球化赋能》。

一直以来,茅台始终坚持以各种方式将品牌文化、企业社会责任理念传递给各国、各地区人民,为中国民族品牌赢得了美誉度,也为中国企业更好地融入全球奠定了基础,更为提升中国国际形象贡献了茅台力量。

讲好茅台故事,传递中国声音。随着茅台国际化之路越走越远,中国的酱香将越飘越远,最终实现让世界爱上茅台,让茅台香飘世界的愿景。

科技赋能酿酒

给微生物画像

人类酿酒的历史，可以看作驯化微生物的历史。在茅台，赤水河谷得天独厚的自然环境与数千年的酿酒活动，筛选和驯化了世所罕见的微生物群落，形成了天人合一的酿造环境。

人们好奇，茅台酒到底是怎么产生的？

茅台微生物专家陈良强答道："它是微生物产生的。我们只是作为一个管理者，让微生物为我们干活，经由它产生了我们的美酒。"因此，白酒酿造的核心是微生物。

茅台酒为什么好喝？

其中很重要的一个因素也在于微生物。在酿造茅台酒的环境与过程中，品种丰富、数量巨大的微生物无处不在。它们参与生产，形成了茅台酒香气丰富的特点，铸就了茅台酒幽雅细

腻的独特口感。

20世纪50年代以来,茅台便开始了对酿酒过程中的微生物的研究。人们试图揭开这经久传承的工艺背后隐藏着的奥秘。然而,限于当时的技术条件,人们只能进行初级的探索。

神秘面纱的揭开是一个逐步的过程,人们在探索之中发现了微生物与制曲制酒的紧密关系。制曲,是中国酿酒工艺中的特色。将小麦按照一定破碎比粉碎后,加入水与母曲搅拌,经由人工踩曲,制成曲块。酒曲当中的微生物群体,便是白酒发酵的好"药引"。

制酒环节,则是将曲块磨碎,与破碎的高粱拌在一起,经发酵网罗微生物,使得各种适宜微生物得到生长繁殖的机会,同时为酒醅带来大量的代谢产物,如香气物质及香气前驱物质等。

这些难以被肉眼察觉的微小生物,参与了茅台酒酿造的过程。根据目前的技术手段,人们已经发现有1 000多种微生物与茅台酒的酿造相关。其数量之丰富,非一般白酒所能及。

丰富的微生物与茅台的地理环境息息相关。身处海拔400多米的河谷之中,茅台镇形成了冬暖夏热,少风少雨的气候。这种稳定的小气候,是微生物喜爱的温床。它们在此繁殖、生长,与当地千百年来的酿酒习俗互相磨合,而后逐步适宜酿酒。这是一个双向循环的过程,这里的微生物造就了茅台,茅台长期进行酿造活动,又对微生物进行驯化。因为微生物不可复制，所以在一定程度上解释了"离开茅台镇，就产不出茅台酒"的科学论断。

这些数量丰富的微生物，如同一个微小的社会，时而独自作战，时而团队协作。科研人员试图为其画像，了解每一种微生物的习性与作用。然而，正如大千世界千姿百态，微生物的世界也相当复杂。数千个个体的特征尚有许多方面难以摸索清楚，更别说个体与个体之间的相互作用了。

每种微生物都有它的功能。"善良"的微生物通过协作，可以酿制出醇香的茅台酒。而"不善良"的微生物则会损害酒的品质。比如，泥土里含有的放线菌喜欢生活在有氧环境中，同时还会"打压"其他微生物。

此外，就像婴儿要吃奶粉一样，微生物也需要一定的生长因子，才能为酿酒而发力。例如，微生物生长需要有适宜的温度，而有些极端的微生物嗜冷，还有一些微生物嗜热。人在其中扮演的角色则是为有利的微生物创造适宜的生存条件，同时抑制不利的微生物的生长。

从理论上来说，只要弄清楚影响茅台酒生产的微生物，就能复制茅台酒。但是正如陈良强所言："1 000多种微生物，我也不知道哪种最重要，反正1 000多种都要伺候好。而且人工不好复制，因为它的比例随时都在变。"

不同的微生物，扮演着不同的角色。但总体而言，微生物与产质量关系紧密。最为显著的事例，便是茅台历史上反复提

及的二次酒掉排,即二次酒产量低。当时季克良发现,有一个班组工作做得慢,需要多两天才做完,但该班组的产质量却保持在较高的水平。这背后的关键其实就是微生物在发挥作用。

为什么多干两天,产质量就上去了?因为堆得太快,时间太短,微生物容量太少。此后,季克良将作业时间规定为一个窖池两天半,用五天做完。

茅台对微生物的考虑无处不在。新建设的车间,通常会对酒的质量要求稍低一些。所谓三年缓冲期,其实是为了让新车间把微生物驯化好。

此外,微生物的变化常常难以捉摸。生产车间有600多个班组,每个班管理十多个窖池,每个窖池的高度都有微小的差异。加上工艺操作是人工的,不能做到百分之百一致,操作的人力气大一点或小一点,微生物就产生得不一样,出的酒就不一样。在堆积发酵时,靠门边的氧气多一点,中间的便少一点,烤出来的酒就有差异。实际上,站在微生物的角度看,每次生产的茅台酒都有所不同,但最后经由勾兑师用100多个酒样勾兑后,会把差距缩小到消费者感觉不到。

复杂的微生物造就了神秘的茅台。正是如此,行业有一种观点,认为站在一个宏观的高度予以观察,白酒产业可以列入高科技产业的范畴。

解读一杯酒的千种风情

茅台酒的风味,蕴含着中国人的脾性,含蓄而中庸。细细嗅来,其香复杂而丰富,一如历史,既有扑朔迷离之感,又有引人入胜之意。

所谓扑朔迷离,在于茅台酒的香味复杂而神秘。在中国白酒科学研究的历程中,许多类型白酒的主体香型物质已被解析明了。2022年3月发布的《茅台集团科技创新报告》显示,茅台已准确定性茅台酒中965种风味物质,同时明确361种有关键风味贡献。它们源于多菌种开放式发酵,经由勾兑,达到协调与平衡,构筑了茅台酒的独特风味。但茅台的主体香型物质,迟迟未被破解。

所谓引人入胜,便是茅台酒风味的魅力。七个轮次取酒,各个轮次的酒各有特色,但单拿出某一个轮次的酒,都不是茅台酒。只有经由勾兑师的调和,最终才有酱香突出、幽雅细腻、酒体醇厚、回味悠长、空杯留香持久这一经典而独特的风味。

丰富,方能引人入胜。茅台酒的丰富,自一粒粮食开始,贯穿制曲、酿酒的全过程。其中,微生物是白酒酿造的核心。如果说风味是茅台酒的外在体现,那么微生物就是默默耕耘的劳动者。

在制曲时,如果曲块踩得太紧,曲块内部水分不易挥发,

好气性微生物的生长会受到影响，曲块便会有霉味、氨味。在窖池内进行阴发酵时，如果封窖泥裂开，氧气进入窖池，酒糟发霉后也会产生霉味。

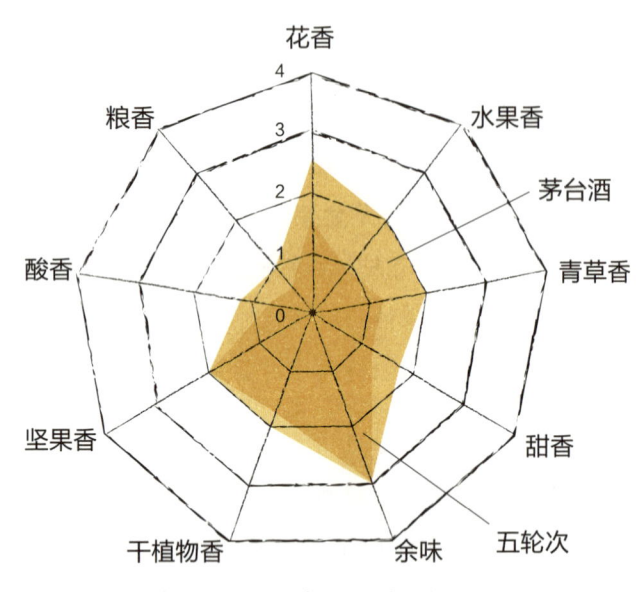

茅台酒和五轮次基酒的风味轮廓对比图

馊味、泥味、咸菜味、油味、霉味等，是酱香型白酒里的感官缺陷。茅台有关风味的研究之一便是抓取感官缺陷，形成负面清单。

杨帆于2008年加入茅台，此后一直从事微生物研究，他提到，风味物质与浓度是紧密相关的。在一定浓度之上，人可以闻到，反之则闻不到。确认浓度界限，是风味研究的重点。

双乙酰出现在很多发酵食品之中。在浓度较低的情况下，呈现奶油的香气，闻起来尤其舒适。若浓度较高，便是馊味。明确双乙酰浓度过高是导致馊味形成的原因后，相关科研部门便可分析浓度界限，形成方法论。出厂前对每一瓶茅台酒依据指标进行检测，便可为酒的质量保驾护航。

然而，单独一种物质的研究，常常难度极大。含量低、阈值低的物质，正是其中的"隐秘者"。比如，呈糊香的物质，在酒中的含量极低。在研究时，需要浓缩30升酒，才能利用现代分析技术检测到。但这一含量极低的物质，在一杯酒中却能传递出焦煳香味。虽微小，却力量巨大。

若要对茅台酒风味进行系统研究，可从香气、口味、口感多个维度入手。

以香气为例，茅台酒中蕴含有青草香、水果香、花香、甜香、焙烤香（即坚果香）、酸香等。饮酒，是一场风味的盛宴。饮前先闻香是专业品评的做法。单是闻香便分为前、中、后三个层次。开瓶初闻，诸多果香扑鼻而来；再细细嗅之，花香、粮香、曲香纷至沓来；闻至后端，酸香、坚果香便隐隐溢出。而细细体味每一种香，又包含许多层次。以青草香为例，其下又细分有粽叶香、竹叶香等。

在香味的世界里，茅台酒丰富多元，犹如一支合唱乐团。针对这一特性，相关科研部门研发了相似度评价体系，用于出厂酒评价。

以前茅台酒出厂，由国家评委依靠感官品评，对比标准酒

和出厂酒。通过感官上的色香味格四个维度，评价是否符合茅台酒标准，符合标准就可出厂。但是人的感官有差异，也容易迟钝。而相似度评价体系，则是通过量化、数据的方式，形成算法，计算出厂酒与标准酒的相似度。这在人工感官品评的基础上，再加上一道防火墙，更加保证茅台酒的质量。

茅台是国内首先从风味化学的角度去研究酒的企业。2006年以前，行业对酒的分析偏向于成分检测。2006年，茅台开风味研究的先河之后，渐渐引领行业走进了白酒领域的新版图。

在味觉的世界里，茅台虽为烈性酒，但入口却并不辛辣，其味醇厚细腻，香气萦绕。先入齿间，再铺满舌面，顺咽喉而下，后味悠长。针对酒体而言，茅台还有一个最大的特色——空杯留香。酒过之后，空杯久置，仍有幽雅馥郁的香气。即便放置第二天，留香味道依然明朗。

千种物质，千种风情。每一种风味，都有其独特的力量，它们纷繁复杂，共同构筑了茅台酒风味的万千可能。

寻找生态平衡

茅台人常说，茅台酒是大自然馈赠的礼物。香自天成，自成风味，它是艺术与技术的结合。技术，可以复制推广，但自然的艺术，却是不可复制的魔法。正是如此，即便在全世界范围内寻找，我们也无法找到第二个符合茅台酒生产要求的区域。

每一个工人都知道，茅台味道不变的背后，蕴藏着"坚守"这一关键词——坚守原产地生产，坚守道法自然的传统工艺，坚守自然和谐、以酒勾酒的勾兑信念。

然而，一切坚守的背后，都有一个大前提：生态环境不变。离开茅台镇，就产不出茅台酒，揭示的正是当地环境的重要作用。

茅台酒厂位于茅台镇坡度较缓的南坡。这里既有山环绕，又有水穿流，形成了一个相对封闭的区域，造就了酿造茅台酒的独特气候环境。同时，河谷风速低，年均气温18℃。茅台镇稳定的气候，保持了千年之久，为酒类生物生长提供了天然场所。

地形亦有其特殊之处。这里海拔落差达到200米以上，最高处海拔600余米。茅台人充分利用地理优势，在沿河潮湿地带建造酿酒车间，制曲车间、酒库依次而上。

赤水河流经两岸，岸边为独特的紫色土层，具有良好的渗水性。地面水和地下水通过两岸砾岩流入赤水河，形成了利于酿酒的独特水源。

作为国内唯一一条没有被开发、被污染、被筑坝蓄水的原生态一级支流，赤水河是我国生物多样性的重要保护区，生态价值弥足珍贵。2019年，中科院水生生物研究所检测团队在赤水河开展鱼类监测显示，赤水河分布鱼类149种，比2017年增加了近40多种，其中长江上游特有鱼类45种。优质的生态是各

种珍稀鱼类赖以生存的前提，也是茅台酒不变味的保障。

在这样的生态环境中，种类丰富的微生物不断生长，形成了独特复杂的酿造微生物栖息体系。

因此，保护生态环境对茅台来说有着极其重要的意义。早在1972年，周总理便做出了茅台酒厂上游100公里以内不准建任何化工厂的批示。此后，对赤水河流域环境的重视便逐年增强。1979年，我国颁布了第一部《环境保护法》。当时，茅台就意识到环境的重要性，将环保工作纳入企业的发展建设之中。1995年，茅台为推动国酒水资源保护区的建立，率先进入了国家水系防污染管理网，成为全国正式加入这一系统的第一家企业。

此后，茅台逐步发力，加强对赤水河流域环境的保护，以达到酿酒所需的生态平衡要求。比如，2013年起云、贵、川三省建立起"信息互通、数据共享、联防联治"的环境联合执法体系，为赤水河保护提供解决方案。

水为酒之血。2018年，茅台携手赤水河沿河四家白酒企业，来到赤水河源头第一村——银厂村，开展以生态补偿为核心的"走进源头，感恩镇雄"的脱贫攻坚帮扶活动。其中，茅台捐款1 000万元，助力镇雄干部群众保护赤水河。

污水处理，是茅台助力生态平衡的强力举措。2015年投入使用的污水处理厂，为茅台治污奠定了重要基础。仔细观察茅台中华污水处理厂检测室的屏幕，上面实时显示着废水经过处理后的氨氮和化学需氧量数据。

与此同时,清污分流的升级,则将茅台环保工程推上了又一高度。2017年,茅台投入近两亿元对老厂区实施了清污分流工程,2018年,茅台全面实现厂区清污分流。5座污水处理厂日处理能力达23 000吨,全年共处理达标排放污水290多万吨,处理达标率100%。

与此同时,茅台还规划了茅台酒中长期生态环境保护的缓冲区和禁建区,通过对荒坡实行绿化恢复工程等,保护赤水河的生态环境。

随着现代技术的进步,茅台亦逐步运用科技手段,监测环境变化,保障生产区域的生态平衡。改革与创新,是企业发展的重要基石,应用至生态环境领域,也具有同样的作用。

其中,茅台的"煤改气"技改项目便是环境保护方面的创新成果。"十二五"期间,茅台投资1.1亿元用于"煤改气"工程,改善当地空气质量,24台燃气锅炉先后应用于制酒生产环节,赤水河的环境面貌迎来转变,空气质量明显好转。

清澈的赤水河,美丽的自然环境,酿造出了每一滴都蕴含着天地神韵与精华的茅台酒。绿水青山就是金山银山,在茅台得到了非常深刻的印证。

今天,无论茅台一线的酿酒工人,还是行政岗位的干部,都清楚生态环境的重要性。每一个受益于生态红利的茅台人,

都懂得敬畏自然的重要性。当我们在调研时问到"赤水河对茅台的意义"时,几乎每个人都会提到一个经典的比喻句——像保护自己的眼睛一样保护赤水河。

在世界文明的发展史上,河流都被视作生命的源头。中国的黄河被誉为母亲河,这是因为这条波涛滚滚的长河孕育了中华民族五千多年的文明。赤水河,于茅台人而言,也承载了这样举足轻重的意义。生于河谷之中,交通极为不便,发展并不容易。赤水河滋养了茅台人,为茅台人送来了美酒,茅台人因此感恩赤水河的馈赠,保护赤水河已经成为茅台4万多员工的共识,这是事关茅台酒质量,事关一个民族品牌发展的大事。

探究原料的基因秩序

一棵红缨子高粱,颗粒小、皮厚、坚实、饱满,当作粮食,口感不佳,但用作酿酒,却是天生好物。其淀粉、单宁等比例合理,尤其是支链淀粉占总淀粉的88%以上,加上高粱的吸水量少、耐蒸煮、不易糊化,种种特性,似乎都是为酿酒而生。

茅台人珍视大自然的馈赠,在九次蒸煮中,寻觅蕴藏在高粱中的每一种风味。多年来,茅台人对原料进行了孜孜不倦的研究。人们清楚,原料是茅台酒酿造的前提,只有原料有保障,茅台酒才有可持续的未来。

作为酿酒的主要原料之一，高粱占据了非常重要的地位。仁怀当地，高粱种植历史悠久，据贵州省仁怀县地方志编纂委员会编写的《仁怀县志》记载：清道光二十年，仁怀种植高粱8 000亩；至民国二十四年，种植10 100亩；1957年为31 100亩……总体上呈逐渐增长的态势。

当地有一句俗语："茅坡高粱酿茅酒"，茅坡高粱正是本地红缨子高粱。制酒原料对茅台酒风格影响极大，因此，1999年起，为满足茅台酒生产对有机原料的需要，茅台集团在行业率先建设了有机原料种植基地——首先在仁怀市建立有机高粱生产基地，后扩大到播州区、金沙县、习水县、汇川区等地，并同步开展"有机食品生产基地认证"。

至今，红缨子高粱的种植仍然保留着古老的种植方式。一如先辈们的耕作技术，春种秋收，人工除草，整个种植过程不使用任何农药杀虫。此外，借助高科技，茅台在种植园区安装了频振式杀虫灯，杜绝了农药残留，保证了种植过程每个环节的绿色有机。

"智慧茅台"项目启动后，茅台的原料基地平台在种植、收储等过程中实现了全过程信息化管理，保证了原料的产质量。

另外，在探寻茅台酒酿造奥秘的过程中，酒曲这种原料同样被视为极其重要的一环。2003年，我国首次载人航天飞船"神舟五号"飞天之际，茅台酒曲亦随之遨游太空。在整个白酒行业，这都是开先河的尝试。在一定程度上，酒曲进入太空打开

了行业对于原料的想象空间。

从太空顺利返回后，茅台与中国科学院国家菌种保藏中心、天津科技大学的科技工作者随即开展了茅台酒曲太空诱变育种的相关研究。2005年，这一项目取得阶段性成果。经过对酒曲"飞天"前后对比，科研人员从太空酒曲中成功分离、鉴定出过去未知的100多种、1 200多株微生物菌种。

通过采用原生质体融合技术，选育出了优良酵母菌种——红曲霉菌。经过实验发现，红曲霉菌耐高温，具有超越一般酒曲菌种的生存能力和蛋白质分解能力。这一研究为提高茅台酒原料利用率、降低生产成本、提高产品质量，甚至揭开茅台酒酿造之谜，都具有一定的意义。此外，作为太空诱变育种的项目之一，我国白酒行业首个酿造微生物菌种资源库在茅台挂牌建立。

与此同时，人们也在思索，随着时间更迭及代代种植，如何保证红缨子高粱质量不变呢？

茅台具有极强的居安思危意识，因此在原料的研究上进行了极大的投入。2013年加入茅台从事科研工作的刘松提到，茅台对原料品质、原料育种都有相应的研究。育种是为了预防粮食质量退化。现在茅台是定向育种，即需要什么样的品种，技术人员就跟进做相关研究，专门去找需要的品种。主要分两个维度，一是发掘现有品种，二是自己培育品种。

以小麦为例，茅台的要求是颗粒坚实、饱满、均匀，皮薄、呈金黄色，无霉变。于是，茅台根据酿酒所需要的小麦品质指标，寻找并培育新品种。自2018年开始，茅台和河南农业大学、河南农科院开展合作，选育茅台酒专用品种。2021年，茅台审定了4个适合酿造酱香型白酒的品种。接下来，茅台在4个品种的基础上，进一步选育更适合茅台酒酿造的小麦，让其特性满足酿酒需求。

此外，随着茅台规模的不断扩大和产量的不断增加，需要的原料用量也大幅度提升。加之茅台地区酒厂众多，也加大了对原料的需求。因此，茅台地区分散型的农业生产量不足以支撑日益增长的酿酒需求。为保证茅台酒的持续发展，必须扩大原料生产基地。比如，有机小麦种植基地已经扩大到河南、安徽等地。

但是，随之而来的难题则是，外地原料涵盖的微生物种类与茅台有所不同。比如河南种植的小麦，其原料内部的微生物跟本地的不一样。这就需要相关科研部门采取科技手段进行处理，以达到生产标准。

除了技术手段，为保证原料的质量，茅台对基地种植户也有规范化的要求。从理化指标来看，红缨子高粱水分不超过13%，淀粉大于60%，千粒重大于38克。为达到标准一致，茅台通过"公司＋基地＋农户"的三级管理模式，实施各项扶持措施、优惠措施，以调动基地和农户的积极性。同时，基地建立了原料信息管理平台，管理每一个农户的订单、种植、交

货信息，以确保原料来自基地。并且，交粮流程采取一卡通结算，保证了农户的利益。

从原料出发，茅台人以科技手段破解其背后的奥秘，再以科技手段保证其质量如一。即便变化常在，但总有人始终奔赴在路上。

04

无人区的开创者

时代发展日新月异，各行各业都涌动着机遇与挑战。通向未来犹如攀登高峰，其间荆棘密布，总有无人区。

作为走在行业前列的领军者，茅台肩负开创之责，在新时代有新使命、新挑战。面对生态、技术、市场、管理等各方面的风险，茅台必须迎接挑战。但从机遇的角度来讲，无人区也是开创者的领地，吸引着茅台去创造未来。

进入无人区，顺势而为，方可抓住跳动的时代音符，穿过黑暗森林。

环境：关乎酒质的大范围变量

气候的未知性

四周群山环抱，中间是低矮的河谷地带，赤水河从镇子中央穿插而过，这种特殊的地理环境造就了茅台镇独有的小气候。千百年来，茅台镇一直保持着气候的相对稳定，这给茅台镇的酿酒活动创造了最佳条件。

一方水土养一方人。不可复制的气候环境和微生物群落成为茅台酒卓越品质的外部保障。保持气候环境稳定，让酿酒微生物的作用得到充分发挥，茅台酒才能不变味。

然而，在2014年，有学者对比研究1951年至2001年遵义气温的变化情况，发现遵义平均气温、平均最低气温均呈现上升态势。如果将目光聚焦至茅台，当地最近几十年都处于一个

比较平稳的温暖期。○

有专家预测，在未来几十年中，如果人类不过分干预生态环境，茅台镇的气候不会有太大改变。然而，时代在加速变化。当今世界，气候变暖已成全球问题，影响着整个"地球村"的发展变化。

2020年，美国加利福尼亚州出现了54.4℃的高温天气，如果不考虑殖民时代气温监测是否精准的问题，这便是1931年以来地球的最高温度。同年，日本最高气温突破41℃，仅东京在两周多的时间内就有50多人死于中暑。2021年6月，加拿大西部地区惨遭高温袭击……多地高温打破历史纪录，与高温相关的死亡人数陡然增加。

在北极，有关高温的新闻已经屡见不鲜。数据显示，2015年、2017年和2018年冬季，本应是北极一年中最冷的时刻，但北极圈内的北欧地区温度却到达0℃以上，高出往年30℃。

全球气候变暖，各地冰川加速融化并一座座倒下，带来的直接结果是海平面不断上升。可以预见，随之而来的高温灾害、城市湮没、疾病肆虐等问题，将给人类带来不可估量的损失。

那时，中国将会变成什么样子？

在气候的大范围变动下，没有一个人、没有一家企业会

○ 李丹，支崇远. 茅台镇近340年的气候变化探析[J]. 安徽农业科学，2014,42（09）.

是幸存者。茅台对此具有深刻的认知。茅台酒被看作大自然馈赠的礼物，其酿造的每个环节都在与自然碰撞。那些不可捉摸的微生物，飘浮在小镇的空气中，附着在晾堂的扫帚上，在适宜的时间、地点，参与着酿造的全过程。但从整个茅台地区来看，即便气候平稳，变化却仍在不可避免地发生。

官方数据显示，截至2020年，茅台镇辖区共有白酒企业（作坊）1 202家，其中有证及规模企业233家、酿酒作坊969家。㊀此外，作为全国酒店入住率很高的地区，茅台当地几乎每一家酒店身后都有一处酿酒作坊。这一特殊搭配深刻诠释了"酒"与"店"二字结合的含义，但产业的集聚对茅台当地气候必将造成影响。

最易为人所察觉的变化是人口数量。2016年，茅台全镇地域面积、人口由原来的86.43平方公里、55 613人增加到189.25平方公里、106 631人。2020年，虽然茅台镇的常住人口也不过13万余人，但与过去相比仍有相当比例的增长。

从仁怀市的角度来看，2021年6月发布的《仁怀市第七次全国人口普查公报》显示，全市常住人口与2010年的32.68万人相比，10年时间增加了2.16万人，增长6.2%。20个乡镇中，盐津街道、中枢街道和茅台镇的常住人口最多，比重达到50.14%。

除此之外，地方经济迅速发展，人民收益日渐增多，车辆成为日常出行的必备工具。以茅台集团为例，2020年，其日常

㊀ 摘自澎湃新闻《贵州茅台镇：外面的人想进来，里面的人谋破局》。

上下班总人数约 2.45 万人，运行车辆总数约 1.82 万辆，其中员工私家车约 1.6 万辆。汽车尾气的大量排放，不可避免地对当地特殊的小气候产生了影响。

正如调研时一位茅台员工提道："从我爷爷那一辈，到我父亲这一辈，再到我，茅台的环境肯定是在变化的。"以开采紫红泥为例，过去曾有一段时间，山上被挖得面目全非。人们意识到这一问题后，又通过回收利用等手段，改变这一现状。

总体来看，这些年来的茅台镇，变化与日俱增。茅台要做的，便是尽一切可能保证气候的稳定。

为此，茅台以汽车尾气为切入点进行环境整治。2020 年 7 月 28 日，茅台厂区正式实行单双号限行。综治保卫处的数据显示，单双号限行以来，每个工作日出入厂区的车辆大致有 1.1 万辆，相较以往减少一半。一笔账算下来，意味着每天减少废气排放 66 万立方，一年大约减少废气排放 1.65 亿立方，相当于种了 6 930 棵树。[一]

在实行单双号限行措施的同时，茅台也充分考虑到员工的出行方便。一方面，鼓励员工拼车上班，甚至有员工组织大家建立了拼车微信群，以便在群里及时发布拼车信息。另一方面，安排公务专线车，实时发布乘车信息。运输保障中心安全运行科提到，每个生产轮次，他们会根据生产调度发布公务车运行的时间、线路等信息，方便员工上下班乘车。

[一] 摘自茅台时空《茅台单双号限行一年，减少废气排放量相当于种了 6 930 棵树》。

为了更加清楚地认知气候环境的变化，目前，茅台已经建有5座空气质量监测站。茅台官方数据显示，2020年全年，茅台厂区有361天空气质量达到优良，优良率为98.63%。适时监测茅台厂区空气质量的监测站，可为茅台酒酿造提供科学依据，创造适宜的酿造环境。

在全球气候变化的今天，风险与危机时刻存在。气候的变化一旦突破某条红线，掀起的风浪可能会席卷整个世界。而这一道理应用至茅台所处的气候环境，同样适用。在关乎酒质的大范围变量中，气候与茅台酒酿造关系紧密。正因如此，面对未知的气候变化，茅台要做的还有许多。

赤水河的生态风险

人类文明起源于河流。人们在河畔生存、劳作、书写历史，亦在河畔开创未来。对生活在赤水河畔的人而言，河水同样寄予了他们希望。他们在此从事着酿酒事业，在河畔书写了中国白酒发展的一页历史。

所谓好水酿好酒，赤水河中矿物质含量很高，喝起来口感不是很好，但非常适合酿酒。此外，这一独特水质还是培育红缨子高粱的温床。

聪明的古人利用这一特性挑水烤酒，由此，赤水河流域诞生了数十种蜚声中外的美酒，如茅台酒、董酒、习酒、郎酒，等等。美酒河的名声，也渐渐传开。

盛名之下，赤水河畔集聚的酒企越来越多。可以说，正是依赖赤水河流域的生态环境，才造就了中国酱香型白酒的核心产区。在这种情形下，寸土寸金的赤水河谷，成为资本围攻的焦点。

2019年全国酱香白酒数据显示，赤水河流域酱香型白酒产能约为47万千升，占全国酱酒产能的85%，实现营收约1 244亿元，占全国酱酒市场的90%以上。[一]显然，赤水河流域形成了中国的酱香酒产业集群。

酱香"热"之下，茅台却陷入了"冷"思考。依托于赤水河良好的生态环境，茅台才能从手工小作坊一步步成长为全球市值第一的烈酒企业。茅台清楚赤水河流域的生态环境直接影响着茅台酒的风味，自身对自然环境具有高度依赖性。正是如此，茅台对赤水河流域的保护有着与生俱来的使命。

然而，赤水河谷价值不断被肯定的同时，赤水河流域的生态承载力也在不断触及"天花板"。流域的水质、水量等都受到了直接的影响。

以水质为例，公开资料显示，在2010年前后，赤水河茅台镇沿岸一度有大大小小的酿酒厂3 000余家。[二]在酒企迅速聚集的背后，大部分企业的治污能力却并未跟上。

[一] 摘自新华网《聚集赤水河谷 谱写酱酒新篇章》。

[二] 李丰.昔日河边飘异味，如今品酒看美景[N].工人日报,2020-12-09(04).

赤水河

04 无人区的开创者

茅台人清楚，有关赤水河的危机，从来都不是一个危言耸听的话题。

实际上，不仅仅是赤水河流域有着生态危机，从全球范围来看，水资源危机都无处不在。

2021年，联合国粮农组织发布《2021年世界粮食和农业领域土地及水资源状况报告》称，地球水资源状况正持续恶化，如果为了实现粮食增产满足全球100亿人口的粮食需求，农业取水量又将增加约35%。[一]

此外，由于全球人口增长、气候变化、环境污染等因素影响，全球水资源短缺压力持续增大。据统计，在过去20年间，全球人均淡水供给量减少了20%以上。[二]

聚焦至赤水河流域，其生态问题显得更加具象化。一是仁怀市白酒企业众多，生产规划很难落实到位，很多酒企频频违法违规，如在禁止酿酒的区域依然有酒企不执行搬迁政策。同时，部分酒企违法占用土地，擅自动工建厂，大大影响了赤水河流域的生态保护。二是赤水河流域的废水处理网络建设还不完善，集中式废水处理设施设备运行效果不佳，实际废水处理能力较低。三是白酒蒸馏时使用的冷却水，除了少数企业，如茅台、泸州老窖等按照要求建立冷却水循环处理系统，赤水河

[一] 联合国粮食及农业组织.《2021年世界粮食和农业领域土地及水资源状况报告》[R]. 罗马：联合国粮食及农业组织，2021.

[二] 摘自中原新闻网《全球32亿人口面临水资源短缺》。

流域沿岸的大多数酒企都只有简易的冷却水池，使得高温、高污染的冷却水直接排放出来，严重污染了赤水河生态环境。

在这种情况下，2013年，仁怀市成立首个环保法庭。2014年，根据"保护者受益，利用者补偿，污染者受罚"的原则，贵州建立了赤水河流域水污染生态补偿机制，大力治理赤水河流域的水污染，不断强化区域生态环境建设。

2016年12月，原农业部发出《关于赤水河流域全面禁渔的通告》，决定从2017年1月1日开始，赤水河流域进入"十年禁渔期"，以保护大环境，修复赤水河水域生态环境。2018年12月，云、贵、川三省达成共识，印发《赤水河流域横向生态补偿实施方案》，共同推进赤水河流域生态建设。这是中国首个跨多省流域的生态补偿机制试点，为我国建立多省生态补偿机制做出了有益尝试。

此外，云、贵、川三省又共同立法，于2021年7月起同步实施保护赤水河流域的相关决定和条例。这是中国首个地方流域共同立法，实现了从"分河而治"到"共同立法"的跨越式发展，是中国流域生态保护的里程碑事件。

除此之外，仁怀市政府也在不断探索绿色发展之路。从2016年开始，仁怀市建成白酒工业园区，区内建有污水处理厂，以便统一处理酿酒废水，解决企业排污难题。2020年4月，茅台镇完成石火炉白酒废水处理厂改造，将其污水处理能力提升至3 000吨/天。同时，在赤水河流域沿岸修建连通的废水排放网络，可以更方便地收集酒厂废水，并集中处理，减少污水

随处排放。

随着赤水河流域生态改善，环境承载力增强，仁怀市还以酒为载体，打造出"酒＋旅游"的新发展模式，为实现赤水河流域绿色发展、持续发展创造了更多可能。

作为赤水河流域的重要部分，茅台积极把呵护好赤水河流域"大生态"和厂区"小环境"有机结合起来，并采取诸多措施，助力赤水河流域生态保护，守护好酿酒活动的这一天然屏障。

2015年，茅台出资2 000万元支持赤水河西岸元木岩片区、西山、四渡赤水纪念园环境整治。2018年，茅台在举办第二届茅粉节时，将拍卖筹集的1 000多万元善款全部捐赠，用于赤水河流域生态环境的保护。

绿水青山就是金山银山。保护赤水河流域生态环境，是沿岸酒企实现可持续发展的前提，也是赤水河流域酿酒产业实现高质量发展的必经之路。

变动的生物群落

河谷地带，高温微风，犹如一个巨大的天然酒甑，丰富的微生物群体在此繁衍生息，浓郁的酒香在这里不肯离去。天长地久，不断驯化，独特的微生物群落成为这里的财富，影响着一杯酒的千种风情。茅台酒的主体香——酱香的形成，便与这自然生态圈中特殊的微生物群落息息相关。

正是如此，在所有可能发生的风险里，微生物的变动极其容易挑拨茅台人的神经。

几乎每一个茅台人都知道，微生物是白酒酿造的核心。只有在赤水河流域这15.03平方公里核心产区内，在独特的微生物群落中，才能酿造出茅台酒。

这些微不可察的生物，也如人一样"社交"，各自具有相应的性格特征，扮演着不同的角色。也如人一样"工作"，且需要休息。

白天，工人作业开始之时，正是酿酒微生物最为活跃之际。随着作业排数的增加，微生物会略微疲倦。晚上，微生物会进入快速生长和恢复状态。酵母菌等微生物需要在此时繁殖，第二日便能"满血复活"。正是如此，茅台生产车间安排的是两班倒工作制，以留出夜间一段时间供微生物生长。

工人的酿酒活动，归根结底是为微生物创造适合生长、繁殖的环境。老曲师王和平提道："微生物对环境的要求很高，不合适的标准化、精细化生产，会影响茅台酒的产质量。"也因此，即使是同一生产车间，工人也会根据不同的发酵情况，采取不同的方法，以便"捕捉"到不同种类的微生物。

晾堂，是富集酵母菌微生物的重要场所。班组打扫得过于频繁，微生物便不好富集。此外，生产工具上也附着了许多微生物，清水冲刷得太干净，破坏了微生物的繁衍，最终也会影响到酒的产质量。

于是，车间在打扫卫生时，明确规定不再水洗场地，生产工具一天洗一次，给予微生物"休养生息"的时间。

为什么要做这样的改变？正是因为，在白酒酿造过程中，微生物才是主角，人仅仅是其中的管理者，目的是让微生物"吃好喝好"，酿出好酒。

变化是常态。

即便在较为稳定的气候环境下，微生物也都时刻在变化。在正常范围内的细微温度、湿度变化，亦会影响微生物的生长。

更多的变化，来自外部环境的挑战。

微生物的环境变化是一方面。人口、车辆增多，都会使环境发生变化。而这一变化也直接对当地微生物群落产生了影响。

原料方面也是如此。随着茅台产能提升，以及茅台当地酒企的迅猛发展，加之亩产有限、生产区域的限制，仁怀当地的小麦已不足以支撑当地的酿酒需求。于是，开放原料便成为一种选择。

此前，茅台对制曲原料冬小麦有着明确的感官要求，如颗粒坚实、饱满均匀、呈金黄色、无霉变，以弱筋麦为宜。然而，现在因强筋麦做出的面包口感更好，所以小麦种植区多数追求强筋麦。二者有很明显的区别。麦子切开，强筋麦剖面光滑，磨碎之后，呈现小颗粒状，如细沙，颗粒与颗粒之间孔隙较大，吸水性能不强。弱筋麦磨碎之后粉末与块皮更多，粉末吸水性强，内部黏接得更有韧性。

两种性状的小麦，颗粒结构不同，溶氧不同，对整个微生物群落的影响也不同。过去，茅台曾有过弱筋麦改强筋麦的尝试，但因曲块质量受到影响，最终又改为弱筋麦。

茅台开放原料后，安徽、河南皆有其供应商。但是，其他地区的原料内部含有的微生物与茅台本地的微生物有一定的差异。

因此，在原料进厂时，茅台会对其感官、理化指标逐一进行检测，尤其在农药残留方面，管控尤其严格。在原料生产基地环节，就采取了各种农药防范措施，让原料中绝不出现农药残留。

防范各种风险的研究，一直是茅台科研的重点，并取得了较多成果。茅台发明了"一种检测白酒中80种农药残留量的方法"，并申请了专利授权。这种方法可以快速测定农药残留，对行业而言，完善了风险因子的分级分类，为更好地防范农药残留提供了依据。

与此同时，为了将隐性风险降到最低，茅台开展了原料指标检测。因为不管是小麦本身含有的微生物种类，还是运输过程中的微生物情况变化，都可能影响原料质量。这也是茅台持续关注、研究微生物变动情况的缘由之一。

一瓶酒的风味核心，就在看不见摸不着的微生物身上。因此对茅台而言，微生物群落的变化，必须控制在合理范围之内。但无处不在的变动，意味着更大的压力。作为行业领头者，茅台必须时刻在路上。

科技：人会被替代吗

机器能替代什么

每到重阳时节，茅台便开始了新一轮的生产周期。偌大的生产车间内，红缨子高粱堆积得如小山一般。工人手握铁锹，翻起高粱，一时之间，只听得阵阵富有节奏的"沙沙"声。不过片刻，高强度的劳动便让人汗流浃背。

作为劳动密集型产业，传统白酒酿造一向需要大量工人进行手工操作。就茅台而言，目前共计有30个生产车间，600多个生产班组，平均一个班14人。

过去，茅台的生产方式十分落后。当时烤酒每甑需要十多人挑水，工人下到赤水河边去挑，仅是每天挑水都会耗费大量的劳动力。后来，工人巧妙地利用竹筒引山泉水，但也只能解决三个灶的用水。

那时酿酒的各个环节，都需要大量人力。下甑时，工人用木铲一铲铲下甑。酒醅出窖时也要工人搭木梯下窖，一点点把酒醅背上来。当时，一个背篼的酒醅重达60～70公斤。酒糟下甑时，工人要冒着暑热高温，将其一点点舀进甑内。待下完甑，工人早已全身湿透。在一定程度上讲，没有强大的人力合作是酿不出茅台酒的。即使是高科技风靡的今天，工人也感慨，酿一斤茅台酒至少需要六斤汗。

但毫无疑问，不管是茅台本身还是整个白酒行业，都没有放弃机械化生产的尝试。20世纪50年代起，白酒行业便有了机械化的初步探索。当时，机磨代替了牲畜拉磨，锡锅、冷却器代替了天锅，鼓风机的应用代替了扬锨，天车及小推车的应用则代替了人抬肩扛。这些酿酒生产上的创新和改进，不仅仅给行业带来了新鲜风气，更使白酒企业实现了从手工作坊到工厂化的转变。

二十世纪六七十年代，白酒行业在酿酒机械化方面进行了大量探索和实验。比如，推广应用了大曲块成型机、麸曲白酒机械化作业线、通风晾苫机、行车、转盘甑桶蒸馏及皮带输送机等机械化设施设备。㊀这一时期，白酒行业涌动的创新变革之风为白酒机械化酿造奠定了坚实基础。但是，因设备的加工技术局限，生产出的机械化设备并不能达到酿酒工艺要求。所以，这一时期的酿酒机械化"革命"很快失败了。虽有部分机械化设备被保留下来，但连续、协调的机械化生产是无法实现的。

㊀ 汪江波，王炫，黄达刚，庄椿虎，陈茂彬.我国白酒机械化酿造技术回顾与展望 [J].湖北工业大学学报，2011,26（05）.

茅台创造力

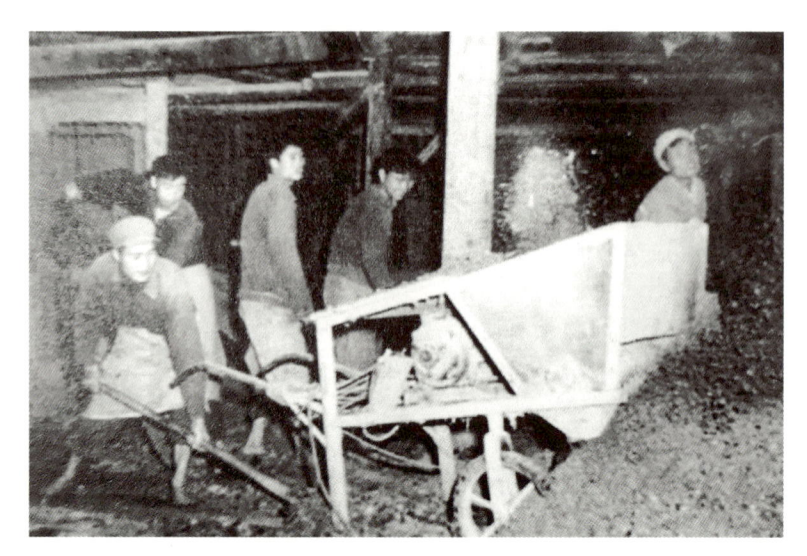

20世纪70年代茅台酒厂使用的打糟机

二十世纪八九十年代，中国白酒行业的机械化生产尝试进入了新阶段。各个酒厂大力推广应用以行车为主的多联甑蒸馏、活动链板通风式晾渣机等机械化设备。然而，人们在生产实践中发现，大量的装备无法媲美人工，导致蒸煮、蒸馏等参数要求不达标，出酒率低，且影响酒质。于是，大量机械化设备被放弃，只有一些较为成熟的机械化设备，如行车、抓斗等被保留下来。

如果将目光聚焦于茅台的发展脉络上，工艺设备的改进一度极大地减轻了笨重的体力劳动。因此，当我们问到"机器能替代什么"时，答案在茅台的历史中呼之欲出。

在那个思潮逐步开放的二十世纪七八十年代，茅台制酒三车间首先使用了手动式辘轳运送酒醅，降低了劳动强度。不久后，"七二一"工人大学自行设计制造出工字梁行车和不锈钢甑。工人可用抓斗起糟，行车吊甑下糟。同时，经过实验，人们将固定的石板甑调换为活动的不锈钢甑。

"七二一"工人大学自行设计制造的行车

初制的行车虽然粗糙，行驶缓慢，却是茅台酒生产工艺的一次革新。并且在实际生产中，行车的应用对酒质毫无影响，还大大解放了劳动力。

随着科技在人类生产生活中的应用，机器渐渐承担了一些简单的、劳动强度过大的工作。20世纪90年代初期，茅台全厂逐步改建安装了重庆起重机厂生产的天桥式行车。此后，酒醅出窖、下甑、入窖等，都借助行车操作，工人逐渐从繁重的劳动中解放了出来。

21世纪以来，整个白酒行业都在探索更新的机械化、自动

化设备。2010年8月，原中国酿酒工业协会提出中国白酒158计划，旨在推进我国白酒传统生产方式的机械化升级，进而推动整个行业向信息化、智能化转型。

2016年，在中国国际酒业博览会上，出现了泸州智通自动化设备有限公司研发的酿酒机器人。该机器人的智能酿酒系统完全根据酿酒工艺的要求定制，集润粮、上甑、摘酒、摊晾、制曲等多种功能于一体。无独有偶，同年，武汉一家智能机器研发公司也研发出了上甑机器人。

茅台也在进行机械化上甑技术的研究。在制酒二十六车间，系列酒已经在运用机械手上甑。然而，茅台酒酿造却仍旧坚持人工上甑，遵循上甑六字法。

此外，茅台还在尝试应用干曲仓温度监测设备。一般而言，干曲仓的正常温度应在50℃以下。但因环境变化，仓内可能出现高温情况。为避免火灾，茅台需要对干曲仓温度进行监测，因此研发出地埋式、悬空式等多种监测设备。如今，茅台研发的干曲仓温度监测设备，已可以做到多点监测，并适时传输数据，完美解决了仓内的高温风险问题。

除此之外，移动翻斗机、移动步梯的应用，也在很大程度上节约了劳动力，大幅度提升了工作效率。

最具代表性的是茅台酒的包装，其经历了从手工操作，到半机械化，再到半自动化的过程。就整个白酒行业而言，茅台包装车间的自动化水平都是遥遥领先的。其中，一台体型庞大的自动下卸摆酒机，至少可以承担两名员工一天的摆酒工作量。

也许有人会问：茅台的包装车间完全可以实现自动化生产，为什么还要坚持人工包装呢？对此，茅台人有一个充满人情味的回答：茅台要是实行包装流程的全自动化、智能化，包装工人就会失业。因此，只有等包装工人退休了或有了合适的去处后，茅台才会在包装车间采取机械化作业。

毋庸置疑，机械化打开了白酒酿造行业的新大门。自动灌装机、行车、粉碎机等机械化生产装备的使用，大大降低了工人的劳动强度。然而，时至今日，出于白酒界对酿酒历史和文化的重视，以及消费者对高品位白酒的追求，机器在许多层面仍旧不能替代手工作业。

显著的案例是，茅台坚持机械制曲的尝试，可谓屡试屡败，屡败屡试。从1967年的初次尝试，到20世纪80年代的再次尝试，再到21世纪的第三次尝试，无一例外，都只有一个结果——机械化制曲不如人工踩曲发酵好。

其实，观察这些年来茅台酒的工艺革新，不难发现，机器能替代的，都是非核心工艺环节。而核心工艺环节，仍然要依靠人工。在一些酒企大力引进机械化设备的过程中，茅台仍坚持遵循传统酿酒工艺，坚持人工酿造。

一切机械化的引进，都以质量为风向标。这便是茅台的"有所为，有所不为"。

"AI+白酒"

过去几十年,随着互联网的兴起,许多行业都面临着革命或被革命的命运。颠覆,如翻涌的浪潮,卷过一个又一个行业。如今,历史再一次被刷新。继互联网之后,人工智能成为又一个影响世界的风口。

人工智能浪潮袭来,各行各业都因其发生着天翻地覆的变化。比如,城市管理利用人工智能,提高了管理水平;传统银行转向"金融+科技",搭建起线上线下的多维服务体系;在交通领域,智慧车站、智能机位分配正在不断更新居民的出行方式。

新技术为各行各业带来新活力。在智能化浪潮下,传统制造业也不断迸发出新的火花。白酒行业,正是其中的一个典型代表。自中华人民共和国成立,白酒行业便一直在探索机械化发展,并且取得了一定的成果。比如,包装车间的自动洗瓶、自动烘干、自动灌酒等。

不过,大部分酿酒企业仍以人工为主。而随着人口红利的消失,人力成本将会越来越高。为了在激烈的白酒市场竞争中站稳脚跟,获得更多利润,白酒企业必须迎合人工智能浪潮,改革生产流水线,打造出新的仪器设备,让白酒生产朝着精密化、数据化方向发展,实现智能化酿造。

与此同时,随着市场与消费者角色定位的转变,消费者成了各大酒企的上帝。如此之下,新的行业共识达成——好酒也怕巷子深。传统商业模式显然已经无法满足酒企的发展需求，行业必须开始思考新出路。白酒行业向智能化、数字化方向转型，势在必行。

由此，"AI＋白酒"，应运而生。

乍一看，传统的白酒行业，似乎与人工智能并无关系。酿酒师傅摸堆子，感知其火候；踩曲工人繁忙地在曲盒上"舞蹈"；勾兑师傅的味蕾辗转于不同基酒之间……白酒酿造的许多环节都是人与人的"协奏曲"。

但是，行业变化的帷幕已经开启。

一种名为智能化曲房的设备，可以通过自动翻曲机与智能曲房环境调控，调节翻曲频率和曲房内的温湿度与氧气含量，实现大曲培养的智能优化管理。而仿生上甑机器人的出现，在很大程度上使工人从日复一日地弯腰、起身等固定工作中解放出来。

灵敏且自如的上甑机器人，基于高科技技术加持，会不断学习观摩人工操作。经过大量的数据采集，机器人会从人工传统操作中提炼分解技术要点，实现机器上甑与人工上甑最大程度地接近。

白酒行业许多酒企已经在推进智能化。2020年古井贡酒推进酿酒生产智能化技术设备改造项目，建设智能化、数字化制曲车间等，旨在形成极具现代化特色的智能园区。五粮液则在

2020年推进了成品酒包装及智能仓储配送一体化项目，旨在对包装线升级改造，并加快建设智能物流体系。2021年，泸州老窖智能化酿酒项目通过验收。

实际上，早在2007年，原中国酿酒工业协会就联合科研机构与22家酒企，开展了白酒行业最大的产学研活动之一——中国白酒169计划。此后，为了提升白酒行业机械化水平，降低劳动强度，中国白酒行业又顺势推出中国白酒158计划。

中国白酒158计划围绕白酒酿造的制曲机械化、发酵工艺机械化、蒸馏工艺机械化、调酒计算机集成制造技术、灌装、包装、成品库智能管理七个领域展开，旨在推动白酒行业机械化、自动化、智能化和信息化发展，实现白酒行业转型升级。㊀并选取今世缘、老白干在内的五家酒企进行试点，取得了一系列的成果，对白酒行业基础理论科学水平的提升有着重大意义。

数据是更具象化的表现。五家试点企业出酒率提高约2%，每年全行业可节粮100万吨；每吨酒成本降低400元，每年全行业直接增加效益20亿元；减少用工70%以上。㊁对于白酒行业来说，这些都是突破性的改变，推进中国白酒酿造行业向着智能化进程迈进。

此外，在酿酒人才方面，白酒行业实现了从数量型就业到

㊀ 佟晓群. 中国白酒158计划正式启动[N]. 中国食品报，2011-05-20（005）.

㊁ 摘自中国质量新闻网《全国白酒产业升级劲牌现场会暨中国白酒158计划总结会盛大召开》。

质量型就业的根本转变。过去，白酒企业员工众多，且对员工技能要求不高；现在，白酒企业员工大量减少，企业需要更多具备国家职业资格证书的酒师、曲师、勾兑师、品酒师等专业人才。

传统工艺与现代工业正在以某种方式结合。

在茅台制酒二十六车间17班，一套集现代智能自动化和传统工艺为一体的上甑机械系统，已经基本完成了实验任务。但是，从实验到落地，再到把这套系统推广开来，仍需茅台多方努力。比如，需要培养更多上甑系统操作人员、确保上甑质量稳定不变，等等。

白酒酿造，传统情怀与工艺传承是一方面，另一方面是，白酒酿造中蕴含着许多未解之谜。看似传统的操作，本质上都可以用科学原理解释，不过，时至今日，人们尚难以摸清白酒酿造的所有奥秘。比如，窖池里的某些微生物的情况，至今仍旧无法用科技探析清楚。

但是，传承并不等于故步自封。用科技创新赋能传统工艺，才能激发行业创造活力，开启新的发展思路。实际上，当我们说"AI＋白酒"到底能带来什么时，白酒行业的池水已经被搅动了起来。

毋庸置疑的是，对茅台而言，传统工艺不会被掩埋。人工智能等高新技术的应用，只是传承工艺的手段和途径。这一道理对整个制造业而言都是通用的。技术永远在发展，以技术赋

能传统,才能让行业不断迸发活力。

区块链:更高阶的溯源

随着区块链技术的不断创新,各个传统行业,如金融、产品溯源、版权交易等无不与其进行深度结合,一种全新的火花正在碰撞中产生。其中,"区块链+白酒"尤为引人注目。

有学者认为,从本质上讲,区块链就是一个数据共享库。数据储存其中,不仅不可伪造、不可更改,而且可以追溯,对利益相关方公开透明。所以,对长久以来深受造假现象困扰的高端白酒市场来说,区块链可谓一剂良药。

白酒在中国历史悠久,有"无酒不成席"一说。在许多重要场合中,酒类饮品常常占据一席之地。这意味着白酒具有相当大的消费规模。同时,在我国经济由高速增长阶段转向高质量发展阶段的过程中,人们的消费需求亦在升级。就白酒消费而言,人们对高品质生活的追求及高端白酒的需求在持续上升。这意味着高端白酒蕴藏的市场越发宽广。由此带来的巨大利润引诱着大批商家进入白酒市场。

这就导致了白酒行业假酒现象屡禁不止。总体来说,问题可以总结为,管理机制不够完善、跨地域治理困难、假酒贩卖屡见不鲜。

而在信息化与工业化无限融合的时代,当区块链技术与白酒碰撞时，一定会迸发出巨大的能量，为白酒企业打击产品假冒伪劣提供强有力的支撑。

对茅台而言，受制于15.03平方公里的生产范围，茅台酒产能提升的天花板始终存在。在经济发展、人均收入不断增加及消费升级的大背景下，人们对以茅台酒为代表的高质量白酒的需求也在不断增加。茅台酒的供需矛盾一时难以调和。

由此，市场上的假冒伪劣茅台酒层出不穷，为此，茅台不得不加速自身的防伪体系建设。

从1993年4月21日起，茅台在出厂的茅台酒酒盒上增设了条形码，酒瓶顶部增加"飞天"或"五星"图案的激光防伪标记。1995年，茅台酒包装启用喷码机，将生产日期喷于瓶口封口上。1998年，茅台酒首次使用了科技含量较高的3M防伪贴。2000年，茅台酒包装启用第三代防伪标。不难发现，这些年来，茅台始终在不断完善更新自身的防伪体系，且一直走在行业前列。

2013年对白酒行业来说是具有划时代意义的一年。茅台集团再次引领行业正式上线RFID溯源体系，实现防伪数字化、食品安全溯源信息化。同时，茅台还是行业最早开始引进区块链技术的企业之一。茅台酒从生产出厂到流通至市场上的各个环节，都有迹可循。由此，消费者可以轻松地对手中的茅台酒进行溯源。

除了杜绝产品假冒伪劣，区块链技术还可以帮助酒企有效

监控产品在渠道、终端的流动，掌握白酒市场变化规律，科学布局。同时，也能帮助消费者查到生产时间、运输物流、质量检测等详细信息。并且，这些数据适时录入到系统之中，真实可靠且无法被篡改。落地到实际消费场景中，消费者只需要拿手机进行扫码，就能知道所购买的产品是真是假。这种极其便利的方式，直接打击了假冒伪劣，远比依靠传统防伪商标来防止假冒伪劣更为可靠、安全。

对企业而言，品牌形象得到维护；对消费者而言，消费权益得到保护。所以，区块链技术在白酒行业的应用，可谓一件利好双方的事。

一个典型的区块链应用案例发生在2020年。当时，天猫超市宣布从12月10日开始开启大规模茅台酒月供应，将在市场上投放超过40万瓶500ml 53度飞天茅台。天猫超市对机器行为、人肉行为、众包行为分别部署了不同的防控策略，做到了直供商品全程可溯源，将每瓶入库茅台酒的物流码、生产日期、生产批次与阿里巴巴支付宝区块链技术生产的溯源码进行绑定，实现了每一个交接环节的扫码入库、出库照片采集，降低了物流环节中调包、换货的风险。㈠

溯源，在保证产品真实性方面发挥了出色的作用。

行业内有这样一种观点：就溯源而言，如果打击假冒伪劣

㈠ 摘自茅台时空《超过40万瓶飞天茅台明起投放市场，天猫最大规模单月供应来了》。

是区块链技术在白酒行业应用的第一阶段，那么随着"五粮液数字酒证"项目的发布，白酒行业就迎来了区块链技术应用的第二阶段——在白酒收藏、流通领域的应用。

2020年，五粮液集团举办了"五粮液数字酒证"发布会，五粮液酒正式开启"区块链＋白酒"的营销模式。数字酒证与五粮液实物一一印证，是基于区块链技术的防伪认证标准化建设的电子凭证。

其构建的底层逻辑，仍旧是基于区块链溯源这一强大能力，搭建了一个类似"酒类银行"的体系。白酒收藏家可以基于这一体系，保证藏品的真实性。因为每一款产品转手、运输的过程，都会被完整清晰地记录。并且，通过手机操作就可以完成转手流程，大大节省了检验、交易等成本。[一]对于高端酒的收藏，区块链技术的应用无疑为收藏家装上了一层防护锁。

在区块链技术应用的第二阶段，白酒行业实现了酒品收藏、流通的数字化。可以预见的是，在未来，白酒行业将会实现酒品的数字化抵押与买卖，甚至有更多可能发生。

从另一维度而言，区块链技术还为酒企管理优化打下了基础。基于区块链技术对产品生产过程可记录且信息不可篡改的特性，生产者可以有效地对生产环节中的浪费和损失进行监控管理，最终达到降本增效的效果。并且，酒企在管控生产时，可以更加准确地保证工艺稳定，以达到产品质量稳定可靠。

[一] 摘自新浪财经《区块链，从白酒行业的1.0时代到3.0时代》。

此外，在区块链技术可溯源、录入数据不可更改的基础上，商品贸易中存在的欺诈问题将得到彻底解决，买卖双方信任成本将大幅降低。如此之下，商家的征信问题将有据可查，商贸交易效率大幅提高，这必定会打造出更干净、诚信的商业环境，推动商业文明迈上新台阶。

趋势已经到来，以溯源为底层逻辑的区块链技术，正在改变白酒行业。

系统：失衡中的动态平衡

消费升级的新需求

从改革开放带来的第一次消费升级，到二十世纪八九十年代以"老三件""新三件"标志消费品变化带来的第二次消费升级，再到如今正在进行的第三次消费结构升级转型，几十年来，经济水平的提升，带动了消费能力的提升。

同时，消费意识也在提升。人们开始追求健康消费、品质消费。伴随着消费升级的浪潮，白酒行业也迎来了诸多转变，比如香型更迭、健康饮酒等。

茅台酒酱香突出、幽雅细腻、酒体丰富醇厚、回味悠长的特性，正好迎合了人们对高品质消费的追求，也符合当今社会倡导的"少喝酒、喝好酒"的消费观念。

正是如此，茅台征服了越来越多的白酒爱好者，从而引得更多饮酒之人转向喝茅台酒。

但现实情况是，由于"离开茅台镇，就产不出茅台酒"的

地域限制，茅台酒的产量无法大规模扩张。再加上传统酿造工艺的限制，也使茅台酒的上市时间需要5年。这意味着，短时间内茅台无法在市场上投入大量产品。

2019年，茅台生产基酒4.99万吨；2020年，茅台生产基酒5.02万吨；2021年，茅台生产基酒5.65万吨。

尽管茅台努力扩大产量，但还是远远不能满足消费者日益高涨的需求，茅台酒一年的产量，只能满足将近6 000万个中国家庭在除夕夜喝一瓶的需求。在愈发突出的供需矛盾下，市场上的茅台酒更为紧俏。这也意味着茅台酒的供不应求注定是常态。

茅台酒的价格不仅影响着消费者的利益，更影响着中国整个白酒行业的定价。所以，实现喝酒不炒酒，让消费者回归理性消费，是茅台作为行业引领者的使命，也是茅台面临的一大挑战。进军电商领域以来，茅台建立起茅台云商App，并完成销售渠道新布局，试图以此控市稳价，让行业冷静发展。

与此同时，消费升级对茅台而言并非价格升级，而是品质与服务的升级。满足庞大的年轻群体的需求，逐渐成为各个品牌关注的重点。

近些年来，80后、90后逐渐成为社会舞台上的主体，并在各个消费领域拥有了越来越多的话语权。所以，很多品牌开始更多地关注年轻人，围绕年轻人做文章，白酒行业也不例外。

以前，人们始终有一个固有观念：因口感辛辣、价格高昂等，年轻人常对白酒敬而远之。但事实并非如此。数据表明，年轻一代已成为白酒市场上的主要力量。2017年，尼尔森报告指出，80后成了白酒消费的主力军。2020年9月，第一财经商业数据中心（CBNData）发布了《2020年轻人群酒水消费洞察报告》，指出年轻人酒单中的前三名分别是白酒、葡萄酒和洋酒，消费白酒的90后占比持续提升。[一] 由此可见，年轻人已成为白酒市场上的重要力量。

茅台消费群体也日趋年轻化。2017年"双十二"后，茅台的电商公司公布数据显示，买家年龄以18岁～25岁为主，占比达25.9%，位居第一；26岁～30岁占比25.4%，位居第二；31岁～35岁占比为15.5%，位居第三。总体而言，年龄在40岁以下的消费者占比达75.3%。茅台网购消费人群越来越年轻化，这也间接表明，年轻消费者日渐成了茅台消费中的主力军。

为了让自身品牌在10年后、20年后、30年后，甚至在更长久的时间里传承下去，茅台必须真正读懂新一代消费者的消费需求。随着第三次消费升级时代的到来，人们的消费观念已发生巨大改变，特别是新一代的年轻人。这一群体受教育程度更高，对于喝酒，他们更看重场合和氛围，追求喝酒悦己与健康。

2019年，第13届中国国际酒业博览会发布的《青年酒类消费趋势蓝皮书》指出，中国青年人普遍认为"饮酒是一种生活

[一] 摘自上游新闻《95后居然爱上喝白酒？解码2020年年轻人酒水消费四大趋势》。

情趣""饮酒能够调适心情",而对"饮酒能够提高个人形象"大多持负面态度。并且大多数青年认为,自己理解与尊重中国酒文化传统,但饮酒应更加理性。同时也不能为了社交而让自己饮用更多的酒。可见,少量饮酒、理性饮酒、健康饮酒已成当下青年的主流观念。

此外,年轻人还喜欢有创意的包装和销售,热衷于追求个性、潮流、场景体验、跨界消费等。他们更喜欢舒适的口感和低酒精度的酒,甚至愿意模糊酒和饮料的边界。在这样的消费趋势下,茅台正在以更年轻、更具活力的姿态来迎接新的消费群体,用年轻人喜爱的方式来打造品牌,赢得新一代年轻消费者的心。

例如,茅台推出更符合年轻人口味的悠蜜蓝莓精酿、茅台葡萄酒及适合大众消费群体在重要时刻饮用的结婚酒、生肖酒等;举办全球茅粉节,号召天下茅台爱好者知酒、品酒、爱上酒;运用新颖的营销方式,如品鉴会、读书会等吸引年轻人。当然,要从根本上推动整个品牌的年轻化发展,茅台还有很长的路要走。

在消费升级的大趋势下,消费的多元化、个性化,要求茅台发展也要多元化。茅台需要打造出更多知名酒类品牌,抢占更多酒类市场份额,并向世界知名企业看齐,以更好地迈上国际化舞台。

世界知名酒企帝亚吉欧,不仅拥有世人所熟知的一系列顶级酒类品牌，如苏格兰威士忌品牌尊尼获加（Johnnie Walker）、珍宝（J＆B）、温莎（Windsor）、翰格蓝爵（Haig Club）等，而且其业务遍布全球180多个国家和地区。2018年，帝亚吉欧完成对四川成都水井坊集团有限公司的绝对持股，此后快速进入中国高端白酒市场，在中国洋酒市场上独领风骚。

为了更快地实现企业发展，帝亚吉欧坚持创新创造，不仅拥有世界级的研发人员和资源，在世界上有4个酒体研究室，而且设立创新研发中心，专门用来推进产品研发、技术更新等。最具特色的是，帝亚吉欧还不断收集消费数据，及时洞察消费者需求变化，并据此研发出新的需求、新的消费场景，甚至还培养出新的饮用群体，如专注女性消费者的百利。根据有关数据统计，帝亚吉欧全球销售额中的增量绝大部分来自创新品类。

相对而言，茅台在很大程度上仍以大单品战略制胜。当然，茅台旗下的酱香系列酒正在崛起，集团体系的其他酒类公司也在快速增长。不过，在运作品牌矩阵上，茅台追赶帝亚吉欧仍旧是一条漫漫长路。

在新的消费背景下，茅台做了诸多尝试与探索：为了迎接市场新变化，特别是随着数智化时代的到来，茅台向更多领域拓展，推动"智慧茅台"建设；加紧世界市场布局，向世界一流企业学习；加紧科研，根据消费群体变化做文章等。

2020年4月，在与广东经销商的交流座谈会上，茅台提到了茅台家族产品的聚合营销，表示要坚持"大茅台观念、大集

团意识、一盘棋思想",以统筹实现家族产品营销,形成抱团取暖、互通有无、相互学习的格局,以期推动"茅台营销"聚合发展、升级优化。然而,在当下,特别是后疫情时代,如何抓准消费需求,打造更多世界知名品牌,实现全球布局,仍是茅台亟待解决的现实问题。

产业集聚的挑战

近年来,酱香酒收入逐步增长,各个酱酒企业以低产量撬动高利润,使得酱香酒产品价值正在凸显。一股显而易见的酱香热潮随着茅台的强势复苏已经到来。白酒产业的格局和消费结构已经迎来新一轮调整期,属于酱香型白酒的时代来了。

2018年,中国酱香型白酒业绩增长迅速,茅台酒实现营收750亿元,净利润达340亿元;习酒实现营收56亿元;钓鱼台酒实现营收8亿元,收益翻了一番;郎酒酱香板块实现营收60亿元……由此可见,酱香酒品牌得到了突飞猛进的发展,酱香酒进入发展好时代。

及至2020年,中商产业研究院调查发现,当年中国酱香酒产业实现产能约60万千升,在中国白酒行业总产能740万千升中约占比8%。这一年,酱香酒实现了销售收入约1 550亿元,在中国白酒行业总销售额5 836亿元中约占比26.6%;实现行业销售利润约630亿元,在中国白酒行业利润1 585亿元中占比约39.7%。

茅台作为酱香型酒的典型代表，在强大的品牌影响力和大批忠实消费者的支持下，引领了酱酒热潮。其中，一道贮存工艺，将酱香酒的价值推向了另一高度。贮存可以使得酒体风味更佳，同时也使酒产生了投资价值。尤其是茅台酒，经过时间的打磨，在岁月中历久弥香，流通价值亦更高。

一直以来受制于产能限制，茅台呈现出供不应求的市场格局。因此，寻找替代品，转向赤水河沿岸的其他酱香酒企产品，成为消费者的另一种选择。

热潮之下，其他行业或是其他香型的酒企纷至沓来，涌入酱香酒市场，以期分得一杯羹。习酒"浓转酱"一举成为标杆，老牌浓香品牌湄窖推出单瓶53度酱香型白酒"铁匠"系列，低度浓香鼻祖贵州醇推出真年份酱酒系列，甚至贵州浓香代表酒企鸭溪窖也在准备一探酱香领域。五粮液通过推出永福酱酒和15酱来推出自身酱酒品牌，洋河酒业通过收购贵酒和厚工坊基地等多个茅台镇酒厂推出酱酒，华泽集团通过收购珍酒、娃哈哈推出领酱等进入酱酒行业。

在这场看不见刀光剑影的拼杀中，酱酒市场上的竞争变得更加激烈。在信息化时代背景下，资本的跨界入局，又会促使新的商业模式不断产生，创造出更多的行业玩法。酱香酒产业产生无限活力的同时，企业间的竞争也将更大。

但是，入局酱香酒的壁垒很多，包括生产地、工艺、资金、文化等壁垒。一个最为直接的壁垒是基酒，酱香酒是一个

积累性质非常明显的品类，没有大量的基酒，就酿不出好的酱香酒。正是如此，随着其他酒企的涌入，在利益的驱逐下，很可能会有企业因追求产量而忽略了质量，这极有可能导致酱香酒的质量参差不齐。一旦酱香酒行业某一家企业出现质量事件，对整个酱香酒行业的影响不可估量。所谓牵一发而动全身，这样的情况一旦发生，不仅会让消费者对酱香酒的品牌印象大打折扣，而且会让消费者对酱香酒产生信任危机。广大酱香酒消费者会发出疑问：酱香酒的品质标准是什么？酱香热潮之下，质量何去何从？如果酱香酒行业整体风评受挫，茅台作为酱香酒企业，自然不可避免地会遭受市场冲击。

除此之外，因为酱香酒酿造工艺的相似性，酱香酒企业很可能陷入同质化陷阱，如相似的酿酒历史、同样醇厚的酒质、口感等。在市场经济洪流下，酱香酒企业品牌和文化发展同样面临着挑战。如何彰显自身特色，深入挖掘自身文化内涵，塑造自身特有的品牌定位和价值表达，是企业在同质化竞争中需要思考的问题。

在消费升级大趋势之下，酱香酒成为新一轮饮酒风尚之时，酱香酒企业迅速开花。这时，赤水河得天独厚的生产环境，成为发展酱香酒产业的绝佳选择。

就仁怀而言，酒企的增长速度非常迅猛。"酒业家"统计的数据显示，截至2021年7月，仁怀市酒类相关公司达到13 942家。其中，有4 083家是2020年1月1日起新增的。这意味着，在一年半多的时间里，当地新增酒企数量占总数的近30%。

在茅台镇，更为具象化的场景可以在赤水河两岸直接看到。每当夜幕降临，酒企和酒店的灯光招牌闪烁，连成条条灯光带。当地人印象中茅台镇有三千多家酒企，不过，官方数据显示，到2020年，茅台镇辖区共有白酒企业（作坊）1 202家。

无论如何，环境的容纳量是有限的，这是产业集聚带来的直接压力。中国酱香酒企业聚集在赤水河流域，必然会占有更多的资源。如此必定会使赤水河流域的生态环境产生影响。在未来几年，酱香酒酿造生态与酱香酒生产企业之间的矛盾将更加紧迫和突出。

管理变革探索

自1951年建厂至今，茅台的管理体制不断升级。曾有人在分析茅台的管理核心时，将其归纳为"中国式管理"，其背后是严格的质量管理、年功晋升制度与宗亲文化管理。

一般认为，借助地域文化、宗亲文化进行管理，属于管理的初级阶段。过去，提及茅台的酿酒群体，典型的画像是文化素质不高、依靠经验酿酒的工匠。如今，茅台根据时代发展，与时俱进地引进了许多专业人才。人才构成的多元化，反向要求茅台的管理方式要与时俱进。

实际上，作为一家国有企业，茅台有其特有属性。比如，在发展规划上，要站在全局角度，考虑国家、社会利益；在产

业布局上,要符合国家、地方的产业发展政策;在营销方式上,要保持中国民族品牌形象,等等。这就意味着,茅台不只有商业逐利属性,更重要的是,要有社会担当、民族企业的情怀和使命。

其中,与时俱进的管理方式,将在很大程度上助力茅台走得更远。

疫情爆发后,各个行业都受到了冲击。传统制造业更是遭受重创,一些中小企业甚至走上了破产之路。疫情之下,许多企业停工停产,被迫重新洗牌和布局。

大风刮过,白酒行业也不例外地受到影响。茅台作为一家传统酿造企业,一度遭遇物流配送不畅、门店不能营业及消费者需求下降等困难。并且,作为劳动密集型行业,茅台一线生产员工上万,全都与生产紧密相关。然而,基于作业区域、作业工具等的限制,白酒酿造自然与疫情防控期间其他一些可远程办公、正常运营的企业形成了鲜明对比。比如,在疫情防控期间快速崛起的网络生鲜零售业,因居民减少外出,在线买菜、在线购物成为热潮,逆袭成为市场上最靓丽的一道风景。而茅台却遭遇复工难的难题。

不过,茅台的疫情复工管理一直在有条不紊地进行。茅台酒酿造具有极强的关联性,每一个环节必须严丝合缝,全年生产方可正常进行。疫情之下,茅台迅速行动,及时开展了疫情防控及复工防疫相关工作的部署,并将自身的防疫战线最大程度地拉长。2020年2月13日,茅台便正式复工。这背后体现出一个千亿级企业的担当,也为行业稳定发展打了强心针。

同时,疫情释放出一个信号:要想应对不确定的生存环境,做到"任凭风浪起,稳坐钓鱼台",就要时刻保持警醒,积极洞察市场变化,不退不缩、不卑不亢地接受新技术带来的改变。

科技必定在企业的未来发展中扮演更重要的角色,酒企更应该重视科技应用,让科技为企业发展助力。5G、物联网、云计算及大数据等应用到白酒行业,势必能够给酒企带来更加鲜活的力量。

正是如此,茅台也在思考如何基于线上工具,进行企业管理。尤其随着云计算在社会各行各业的推广应用,茅台也和着时代发展旋律,享受数字技术给企业管理带来的便利。

但显然,这会给传统的管理模式带来冲击,引发现有组织层级的改变。茅台的科研人员提到,基于数字化手段进行管理,势必会打破原有管理形态。比如,现在部门和部门之间存在壁垒,数字化手段需要打破这种壁垒,形成扁平化的管理,在此过程中一个不可避免的问题就是,打破壁垒会触及他人管理权限。如此之下,茅台必定会面临新的问题。

尤其随着"云"概念的不断深入,企业原来的组织层级不断改变。对茅台而言,打通数据壁垒、建立"大中台"以实现信息的畅通无阻,同样是一个值得想象的场景。

毋庸置疑的是，新技术会赋能茅台企业管理，将给茅台带来更多活力，也将助力茅台走向新台阶。特别是云计算在管理上的应用，将带来不少新的变化，如管理层级减少，上下沟通效率提升；不同部门数据相连，做到信息的互通有无；全生产流程信息集合在生产管理系统，在出现问题时，不同车间可随时沟通，等等。

正如白酒营销专家晋育锋所说，物联网、人工智能、云计算、大数据、移动互联网等是科技发展的常态趋势，也是加工制造业转型的必然方向。所以，未来的茅台管理，拥有值得畅想的空间。

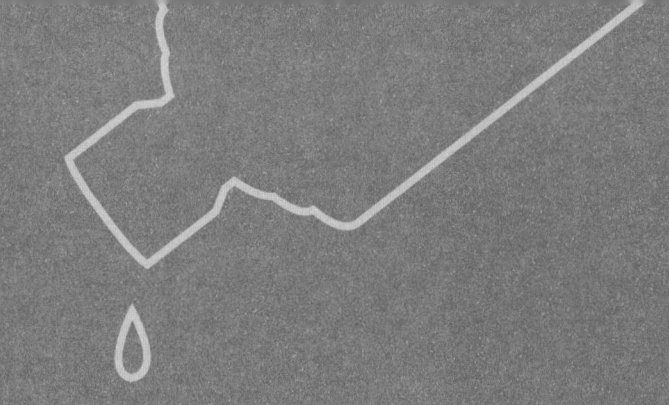

05
通向未来

未来的探索永无止境，茅台一直在创造的路上。作为白酒行业头部企业，在探索的路上，茅台引领行业朝着数智化方向前进，并摸索出生态、循环、绿色的发展路子，为行业提供经验与借鉴。未来，创造力将驱动茅台永续发展。

茅台的底气

作为白酒行业头部企业,茅台有自身的担当和魄力。尤其在行业进入无人区,各种挑战纷至沓来之际,茅台势必要发挥行业引领者的作用,为行业摸索经验。

这是因为茅台自身有足够的实力。

一方面,茅台体量够大,具有一定的市场影响力和抗风险能力,这使得茅台能够探索一般企业不敢探索的领域。

茅台是顺应时代发展的酱香型白酒。尤其是进入21世纪,随着人民生活水平提高,国民消费理念升级,白酒行业也向着高品质消费方向发展。在三大香型中,酱香型白酒因工艺酿造十分复杂,且生产周期长,产量受产地影响大等因素,造就了物以稀为贵的特性。而这一特性与高品质发展趋势紧密贴合。

毋庸置疑,属于酱香型白酒的时代来了。作为酱香型白酒的鼻祖,茅台在几十年的发展历程中,奠定了自身的市场影响力。

从中国白酒的历史发展脉络来看,自中华人民共和国成立以后,我国白酒市场的主导香型几经更迭变化。但无论20世纪50年代至70年代清香型白酒引领风尚时,还是20世纪80年代至90年代浓香型白酒占领市场时,茅台都坚持原有香型。哪怕香型更迭背后蕴藏着巨大的利润,茅台依然故我,不为所变。

随着时代变化,白酒行业几经调整。不管是面对市场经济带来的挑战,还是行业引发的危机,抑或是世界经济危机给予的冲击,茅台始终从容应对,坚持走自己的发展道路。

正是因为有这样的应对能力,茅台才有了辉煌的成就。2019年,茅台集团营收破千亿。2020年,在全球食品饮料行业中,贵州茅台市值登顶,超可口可乐567亿元。

茅台酒还具有收藏、流通等属性。加上其在红色文化和酒文化方面影响深远,品牌文化挖掘和传播足够深和广,符合了高层次消费者的需求。这是其他名酒在品牌战略上所欠缺的。

并且,在成为行业价格标杆之后,茅台在一定程度上成了市场的风向标,承担着白酒行业价格体系构建的重大使命。

数据通常具有更加直观的效果。以2020年为例,我国酱香型白酒总产能约有60万千升,占整个白酒行业总产量的8%;销售收入达1 550亿元,占整个白酒行业销售总收入的26%。真正是以"小"产能,撬动了"大"市场。作为酱香酒企业中的领先者,茅台酒具有极强的市场影响力。

抗风险能力,是茅台发展几十年来越筑越强的能力。从

"皇帝的女儿不愁嫁"的状态，转向朝市场突围的状态，茅台以一种极强的适应能力，快速调整自身发展策略。一支敢死队，奔赴全国各地，为茅台打下江山。2012年，白酒行业进入深度调整期，10年白酒黄金时代结束。此时，茅台逆势而上，从调整期中突围，并成为行业领头者。

几次风险，几次打击，茅台一如既往，行进步伐沉稳且有力，颇有"不管风吹雨打，胜似闲庭信步"的气势。同样地，正是基于市场影响力及抗风险能力强，茅台才有超越一般企业的自信，敢于探索无人区。

此外，茅台具有强大的定力。支撑茅台发展的基本面是恒定的，使得茅台有能力去做新的探索。自1951年国营茅台酒厂成立至今，茅台身上始终有一股强大的定力。最典型的代表是，在清香、浓香各自引领风骚的时代，茅台始终坚定自身发展道路，在酱香酒领域钻研。

做足酒文章、扩大酒天地的战略规划，亦是茅台定力的重要体现。这些年来，茅台深入酒领域，构筑了以茅台酒为首的"航空母舰集群"。

总体来看，对国家的热爱与信仰，对使命的追求与坚定，对行业的认识与洞察，对产品的信念与情怀，对市场的敬畏与遵守，对质量的笃信与坚守……都是茅台定力的重要体现。正是基于强大的定力，茅台才能在这些年始终做到风雨不动，不断挖深自身的护城河。

茅台一步一个脚印，打造了一个头部企业的稳健生命基座。在风浪之中越挫越勇的茅台，已经拥有一套完善的危机应对机制。其更加从容、科学、理性的企业特性，都是面对行业未知挑战时的底气。也正是如此，茅台有着强大的企业自信，敢于先人一步，去寻找通往未来的路。

朝智慧靠近

白酒数字化转型先行者

一步步走来，茅台从手工作坊向工厂转型，从传统工厂向现代企业转型，又从现代企业逐步成长为国际知名品牌，走出了一条稳健发展的道路。

尤其是近20年，茅台"站起来摘桃子"，实现了跨越式发展。2001年贵州茅台上市，2003年茅台酒产量破万吨，2013年茅台确立了行业龙头的地位，2019年茅台集团营收破千亿元。

千亿元之后，茅台如何突破产能扩张的局限，找到新的发展空间呢？

如今，数字科技正在牵手传统行业，引领行业变革。中国酒业亦在经历经营理念、商业模式等方面的创造创新。茅台瞄准了数字化的契机，并将其作为第三动力极，及早进行了部署。

实际上，茅台一直具有先机意识。早在2000年茅台为搭建营销网络进行布局，成立了茅台电商。但2001年茅台上市这一年，茅台电商却陷入无声之中，直到2010年才重新出现。2014年，茅台集团开始整理旗下电商资源，并成立茅台电商公司，相继在天猫、京东、苏宁等平台上开设官方旗舰店。

2017年，为打造线上线下协调营销体系，实现传统品牌与互联网的有机结合，从而有效提升消费者购物体验，茅台云商平台重新包装后再次上线。

以此为契机，茅台逐渐与"智慧"靠近，并提出建设"智慧茅台"工程的目标，精心编制出《"智慧茅台"工程顶层设计方案》。此后，茅台迈出新的发展步伐，开启以创新驱动助推企业转型升级的新征程。

"智慧茅台"就像一个大生态，把茅台的生产、生活与集团管控串联起来，最终形成"四服务"信息化服务和运营体系，即服务生产、生活、管控和外延，打造一个安全、绿色、科技的智慧物流园区。

简而言之，"智慧茅台"运营模式是"四服务一打造"，即"4＋1模式"。

首先，服务生产（但不触及生产工艺）。一是采用信息化手段，记录生产过程，并将采集到的数据为生产者服务，以辅助其决策。同时，将无价值或低价值的重复劳动以机械化、智能化手段替代。二是利用信息化技术，做好全产业链质量控制。

三是做好产品溯源，让消费者买到放心酒。

服务生产的场景最为普遍。制酒十六车间的酒师杜贵红一打开手机App，各类生产数据就跃然屏上。比如，堆子发酵情况、酒糟微生物活动、基酒勾兑品质等，均可以数据形式呈现。任何一项指标变化，生产者都可以及时发现，并做出调整。简言之，生产者真正做到了心中有数。

其次，服务生活。借助数字化手段，为员工生活服务。茅台实行单双号限行后，为方便员工上下班，安排了班车接送。员工可以通过i茅台App直观了解要乘坐公务车的位置、到达时间等运行状态，让公务车的运行信息一目了然。

再次，服务管控。包括用信息化手段服务办公，减轻办公负担等。过去收集各个子公司信息，常常耗费极长时间。有了"智慧茅台"，数据上传之后，只需要几秒钟便能对各个子公司的信息进行对比。

最后，服务外延。主要是针对外部，如农户、供应商、消费者等的服务。很经典的场景是，在收购红高粱的粮站，农户的粮食一上秤，收款信息便会直接显示，如此粮款便可实时打进农户银行卡中。

"一打造"则是运用信息化、物联网手段，打造一个安全、绿色、科技的智慧园区。

2021年，茅台打算对智慧园区招标一个试点项目——在中

华片区选20栋酒库，做安防和消防一体化管理的试点。其中包括以门禁为界，对酒库内所有和安全消防相关的人、车、物进行管控，并建立一套智能化程度非常高的平台系统。

车辆进出酒库拉酒，从进库开始，路线如何行进、在哪里停留、停留多久、车辆进来时是什么状态、车上的人是否一致等，系统都会有记录。酒库严禁烟火，人在库区有一个点烟的动作，系统都能识别并报警。

白酒领域数字化尚处于起步阶段，没有完全成功的先例和经验可循。作为头部企业，要有头部企业的担当。茅台，正是走出了开行业先河的第一步。

其中，一个关键问题就是："智慧茅台"建设如何落地。

2020年，茅台提出五年行动计划"135目标"。

"1"是指，用一年半的时间，即到2021年底，完成信息化基础设施建设，实现骨干业务系统信息化，主要业务数据链打通，基本具备数据收集、分析能力，达到接近2.0主要工具水平。

"3"是指，用三年的时间，即到2023年底，深化全产业链各业务域信息化建设，打通全业务域的数据，实现各个业务的协同运行，让茅台具备初步数据治理能力，达到3.0数据收集分析水平。

"5"是指，用五年的时间，即到2025年底，建成5个智能运营中心组成的"茅台大脑"，实现数据共享、共治，基本形成上下游协同的数字化生态,基本达到4.0数据治理共享水平。

这一阶段,"茅台大脑"将会建成,整个企业将实现数字化运营,且数据资产将成为推动茅台发展的原动力之一。当然,企业数字化运营的实现,也会为茅台的决策、运营和管理提供支撑与依据。

茅台希望为白酒行业的数字化提供一个样本。这并不是说其他企业可以直接套用茅台的模式,而是指茅台模式具备参考、借鉴的意义。作为白酒行业的龙头企业,其输出的模式,如果直接拿给小酒厂用,显然不适宜。但是,因其覆盖范围广,势必会有可参考的模块。未来,茅台甚至可以联合IT行业,将"智慧茅台"作为科技与传统结合的优质范本进行能力输出。

今天,中国酒业数字化仍然处于初级阶段。茅台作为领路人,会遇见前所未有的挑战,同时也会与数字化碰撞出新的火花,逐步实现创新升级,打造出酿酒行业的数字化转型样本,并为行业数字化转型提供"茅台智慧"。

"数说"从原料到酒的演变

大数据技术的广泛应用,将茅台带入了一个崭新的发展时代。即使是白酒行业的领军者,要想不被时代淘汰,茅台也必须紧跟时代潮流,顺应发展趋势。

2017年以来,茅台便开始着手"智慧茅台"建设,率先成

为白酒行业数字化转型的先行者。如今，茅台已全面开始建设全产业链数字化平台，打造出茅台云、茅台数据湖这两个基础性平台及"智慧茅台"应用中心、原料基地、质量和食品安全管控这三个应用型平台，力争做到覆盖从原料到成品酒的全过程，实现数字化应用。

首先从原料说起，为了保证原材料质量，茅台建立了原材料供应链等平台，运用数字化技术对原料种植、收储等环节实施信息化管理。这样不仅精简、规范了中间流程，还提升了服务质量。以给农户打款为例，之前农户拿到粮款需要三个月左右，甚至更长时间。但现在农户拿款时间大大缩短，只要粮食重量等数据上传到原材料供应链平台，农户就会拿到粮款。当然，这也方便了茅台掌握各家农户的信息，一旦出现质量问题就可以溯源。也因此，农户会认真对待高粱、小麦的种植，坚持按照相关标准执行。

不只是原料，信息技术也为茅台酒的生产赋能。过去因为酿造工艺的传统性、复杂性，茅台酒酿造在很大程度上依赖于酿酒师的个人经验。现在，茅台应用了历时5年研发出来的茅台生产数据管理系统。这个系统几乎包含了茅台酒生产酿造的整个过程管理——数据采集、工艺巡检、样品送检、计划管理、统计分析等，并且与质量平台、勾贮系统、NC系统等实现了数据上的互通有无。此外，这个系统还连接了气象监测数据，真正成了一站式的生产管理平台。

生产管理部副主任牟明月提道："通过大数据，生产数据管理系统能准确地适时反映酒的生产动态，判断出酒的生产形势。以前通过单一的经验判断，现在则实现了"数据＋经验"的有机结合，这让我们对生产情况的判断更准确，对生产上的管理和监控也更加高效。"㊀

　　首席酿造师彭朝在检查班组生产情况时，采取的便是"数据＋经验"的方式。通常，彭朝早上到达班组，便会拿出手机打开生产数据管理平台，找出这个班组窖池发酵的各项数据，并结合自身丰富的经验，给出班组指导意见。

　　在制酒十六车间的晾堂里，酒师周胜然正在检查酒醅。只见他抓起一把酒醅，放到鼻下闻闻。以经验判断酒醅情况后，周胜然拿出测温仪，开始测量酒醅堆积发酵的温度。完成一系列的检测后，周胜然登上生产数据管理App，将堆心温度、堆子松紧度、菌落情况、感官水分等数据上传到App上。哪个班组的数据有异常，打开App便一目了然。

　　勾贮车间借助数字化技术管理后，也变得高效很多。过去，勾贮车间管理完全依靠人工。每年，茅台新酒生产几万吨，于是在勾贮车间便能常见这样的景象：新酒一车一车拉进勾贮车间，盘勾之后又一车一车拉出去，待到发包装又一车车拉出去。按照每一车出库再入库计算，勾贮车间一年大约有25万吨酒量的进出。

　　邓青青是负责车间生产调度的管理人员。2008年大学毕业

　　㊀ 摘自茅台时空《茅台有朵生产数据做的"云"》。

后,她通过考试应聘进入茅台,此后多年一直扎根于此。她提道:"最开始茅台勾贮管理全靠人工调度。所有数据采集、任务单的分解与核对都依靠人工,所以调度很容易错。万一错一个桶号,就可能打错酒。酒打错后混合在另外的酒里,就会造成很大的经济损失。"

如今,通过数字化手段,管理者调度酒库变得非常高效。信息化系统的逐步细化与深入,使得调度工作更加智能化,并降低了调度的人工风险。

此外,在茅台酒库,大数据带来了更加直观的变化。"请扫描一下!"一走进茅台酒库,就能听到这温柔的提示声音。现在,茅台酒库灌基酒已通过手持机自动操作,并且会有温馨的语音提示,整个基酒灌装过程真正实现了数据化、自动化,而这仅仅是茅台数字化的又一缩影。

在各类数据汇入的同时,还有一个群体负责分析检验。因为开窖测温、下沙造沙、上甑摘酒、晾堂操作等12个制酒生产环节,以及制曲、包装、系列酒生产等各环节产生的数据非常庞大,在实验室里,检验员们天天忙得脚不沾地,因为他们要针对基酒、酒醅、曲醅等数据进行检测,生成各种报告,以便为酿酒师提供数据支撑,让他们随时掌握生产变化,酿造出质量更高的酒。

除此之外,茅台生产数据管理平台的建立,使得各类生产经营报表从人工统计变成了系统自动统计。统计时间也从以往的数天、数周减少到数分钟,甚至数秒,大大提高了工作效率。

当查询任何一个生产环节的数据时,只需打开茅台大数据平台的工作界面。以基酒数据查询为例,点击工作界面的基酒生产选项后,就会显示指定时段基酒的总产量。同时,酱香酒产量的比例、班组产量、一年中基酒产量的变化、新酒品评变化、上甑产量等数据都会显示出来,为企业生产提供重要参考。

目前,茅台生产数据管理平台采集的数据已超过千万条,实现了茅台酒生产全过程的数字化。平台用户已达5 000余人,日平均访问量达到了5万人次左右,为"数据+经验"的深入融合发挥了重要作用。

大数据时代下,茅台的"数据资产"将是其发展壮大的重要资源,也是茅台引领行业创造的不竭动力。未来,茅台生产数据管理平台还将继续升级,数据采集范围也会不断拓展,将覆盖骨干干部管理、生产危化品管理、知识学习管理,甚至做到全厂的可视化管理,让茅台真正实现从"酿造"到"智造"的转变。

更生态，更绿色

循环可持续

一年一度的抛糟日到来之时，从茅台镇到鸭溪镇沿线的公路上，会出现壮观的一幕：马路沿线五步一岗、十步一哨地站满了人，一辆辆酒糟车如长龙般蜿蜒向前。这样的盛况要持续40天左右，直到茅台酒厂的酒糟运完为止。

酒糟是酿酒结束之后的产物，含有大量未被完全利用的营养成分，如蛋白质、氨基酸、脂肪等，因此具有很高的利用价值。以前，由于技术条件有限，很多时候酒厂都只是简单地把酒糟用作饲料添加物，并未彻底挖掘其背后的价值。

2013年10月，为响应国家绿色发展号召，实现循环经济发展模式，茅台在鸭溪镇修建了茅台生态循环经济产业示范园（以下简称茅台生态示范园），用以处理每年产出的几十万吨酒糟。

2019年10月,"酒、气、肥"三大生产性项目开始全面投产。茅台酿酒废弃物被综合利用,并产生新能源。这对茅台持续做绿色"加法",做污染"减法",实现大小循环、内外循环起到了巨大作用。

在茅台生态示范园,酒糟成了宝贵的资源——不仅可以生产出复糟酒,而且可以变废为宝,变成天然气、有机肥等。茅台生态园创造性地实现了酿酒废弃物的循环利用,真正做到把酒糟"吃干榨净",实现从土里来、再回到土里去的价值最大化。

在茅台生态示范园的复糟酒生产车间,堆放着从茅台酒厂运来的酒糟。员工忙忙碌碌,穿梭其中,在酒糟中加入高粱、曲药,等其再次发酵,还能提取色泽清亮的翻沙酒和碎沙酒。目前,茅台生态示范园已建成24条复糟酒生产线,可产生1.5万吨复糟酒。㊀

天然气是酿酒所需的重要能源。茅台则在酒糟与天然气之间,搭建了一座桥梁。在复糟酒生产车间的不远处,有一排排蔚为壮观的绿色巨型罐子。这里就是茅台生态示范园与中节能绿碳(遵义)环保有限公司合资成立的生物天然气项目所在地。

当酒糟被运送到茅台生态示范园后,生物天然气项目组会利用废弃酒糟和复糟酒生产排放的废水,运用厌氧发酵工艺,产出沼气,然后对沼气进行提纯处理,从而产生生物天然气,

---

㊀ 牛瑾,吴秉泽,王新伟.全面小康,凝心聚力的伟大实践——贵州鸭溪镇:茅台酒酒糟"变废为宝"[N].经济日报,2020-08-20(04).

并将其储存到绿色巨型罐子里。这些生物天然气不仅供复糟酒生产车间蒸酒使用，还通过燃气管道供给当地的天然气公司，给当地居民及工厂使用，缓解了当地燃气供应不足的矛盾。除此之外，生物天然气还被运送到周边地区的加气站进行售卖，产生了较好的经济效益。

与此同时，生物天然气项目组每年还会产出5万吨沼液肥料。这些沼液肥料被运用到当地的种植中，成为改善土壤、去除虫害的好帮手。

随之而来的问题是，复糟酒所产生的废弃酒糟到哪里去了呢？

答案是做成了有机肥。这种有机肥料的重金属含量、农药残留指标非常低，而有机物的含量却非常高，达到75%左右，远远超过了国家规定的有机物含量40%的标准。将其运用到土壤里，能够显著改变土壤结构，避免土壤板结硬化，同时还能提升土壤肥力，保证种植物所需营养。现在，茅台生态示范园的有机肥料，不仅可以保障红缨子高粱基地用肥，还被用到遵义市的茶叶生产基地、辣椒生产基地，助力贵州发展有机农业。

本是废弃物的酒糟经过不断加工、循环利用，实现了来自土里、回到土里的良性循环，也避免了酒糟乱放对生态环境的污染。这种生态循环的经济产业链条，实现了企业与自然之间的和谐发展。同时，这条生产链的运转，还增加了近千个就业岗位，解决了周边部分人口的就业问题。

此外，茅台还根据茅台生态示范园的循环经济特征，布局生态农业、科技农业，并把农业与旅游结合起来，打造出生态、绿色的农业生产示范基地。同时把茅台的酿酒文化、茅台对生态循环发展的理念、责任融进去，以期给行业提供循环发展实践样本。

茅台利用酒糟规模化生产天然气——这种绿色、循环的酿酒生产模式，不仅为其他酒企绿色发展、循环发展提供了成功样板，还为我国生态环境保护做出了表率，更为世界打造可持续发展产业贡献了茅台力量。2014年，第十一届APEC能源部长会议上，中国向世界展示了茅台生态循环经济产业示范园项目，获得了与会人员的一致好评。

未来，生态循环的产业发展模式将成为世界经济发展的主流，也是人类实现可持续发展的必由之路。

共绘绿色画卷

优质的生态环境，是茅台酒酿造的重要基础。

一直以来，茅台对环境的重视程度都非常高。早在建厂之初，茅台酒厂就联合国家相关科研人员，对茅台地区的水土资源、植物种类、微生物群落等进行专门研究，以便有针对性地对茅台生态环境实施保护。

20世纪80年代中期，茅台开始大力整治周边地区生态环

境，并对车间生产加以改造，使其向着生态、绿色方向发展。例如，治理茅台镇生产、生活排放的污水，让厂区下游500米的水质得到恢复；针对制酒车间的锅底水进行专项治理，并同国家环境科研机构一道，划定了一块区域作为茅台酒的资源保护区，使酒厂利用水资源有了科学依据；将分散的燃煤烤酒改成集中式锅炉烤酒，以节约资源；集中精力解决烟气问题，让全厂烟类排放指标达到国家规定标准；为治理周边地区水土流失，茅台酒厂在群众中广泛宣传"爱我茅台，绿色环境，保护资源"教育活动，同时拨款让群众植树造林……同时，茅台酒厂还打造了一支专业的环保队伍。

除此之外，茅台还非常关注赤水河流域的环境，注重保护流域生态。像保护眼睛一样保护赤水河生态，是茅台人的一致观念。

2014年，茅台开始投入资金，用作赤水河流域保护生态环保专项资金。2018年，茅台开展了"走进源头，感恩镇雄"公益活动，投入1 000万元支持赤水河流域生态保护，助力镇雄县脱贫攻坚。

酿酒活动需要耗费大量水，同时产生的废水也较多。针对这一现状，茅台斥巨资建设了废水处理站，完成了新老厂区污水综合治理管网建设，并先后建成5座污水处理厂，日处理能力可达2.3万吨。

2018年，茅台全面实施厂区清污分流工程，污水收集率得以大大提高，为之后污水处理创造了先决条件。此后，为实现水资源的循环利用、节约水能资源，从2019年起，茅台投入4.4亿元，在厂区配套建设23个冷却水循环利用能源站，在制酒车间全部实现冷却水的循环利用。这不仅避免了冷却水排放污染赤水河流域，更让茅台每年节约了400万吨以上的水资源。

与此同时，茅台实施了水冷系统改风冷系统技改项目，建成340套风冷系统，从源头上减少了水资源的利用量；实施包装洗瓶水循环利用项目——把经过污水处理厂处理的中水用来清洁、绿化，以不断提高水资源的利用率，达到节能目的。同时，供水管网由暗管改为明管。这不仅年均节约水资源近400吨，而且方便供水管网的日常检查与维护，降低了水资源能耗。

2020年，茅台参加了长江上游赤水河流域生态环境保护司法协作会议。在大会上，茅台明确提出，将利用自身在白酒行业的影响力，号召和引领赤水河流域的白酒企业共同保护赤水河，一起推动中国白酒产业高质量发展。2021年，茅台推出"青清赤水"志愿者巡河活动，茅台人踊跃报名。这有助于随时监测赤水河变化，为建立赤水河长效保护机制做了准备。茅台以实际行动展现保卫赤水河的决心，在白酒企业中起到了带头示范作用，为打造赤水河流域的生命共同体做出了贡献。

如今，一走进茅台厂区，映入眼帘的就是山青天蓝，处处清洁，一派生机勃勃之景，让人流连忘返。这正是茅台践行生态发展、绿色发展的结果。

一方面，为持续做好绿色"加法"，茅台先后从多方发力。2020年，茅台先后出台各种制度性文件，如《生态环境保护管理办法》《生态环境保护工作考核细则》《厂区生活垃圾分类、处置工作方案》，为茅台绿色发展之路提供制度支撑。

为增加茅台酒厂植被覆盖率，建成绿色生态工作环境，茅台大力开展绿化活动，做好绿化养护、绿植移栽工作。同时，茅台还每年组织员工参加"茅台共青林"活动、义务植树活动，号召员工自主维护赤水河生态。2016年以来，茅台的青年员工已植树3万多棵，酒厂绿化面积大大增加，到2020年已达143万平方米，整个厂区绿化率达29.8%。

此外，为做好污染"减法"，茅台不断开展污染治理工作。2014年起，茅台开始实施"煤改气"工程，这不仅大量减少了二氧化硫、二氧化碳等污染气体的排放，而且使生产能耗持续下降。整个茅台镇的空气质量不断好转，2020年全年，茅台酒厂的空气质量优良率达到98.63%。

同时，为进一步减少空气中的污染气体排放，茅台提出绿色出行，鼓励全厂员工减少自驾，乘坐公务车。措施的落地，带来了十分显著的效果。

多年来，茅台一直坚持生态循环、低碳发展，并建立生态循环经济产业示范园。茅台将酿酒中产生的废酒糟、废窖泥、废曲草等进行科学研究与利用，打造了资源利用新方式。以封窖泥为例，由于封窖泥资源有限，且是不可再生资源，多年来茅台不断加强对封窖泥的研究。如减少泥内谷壳含量、防止窖泥发臭霉变、保持窖泥卫生、使用新泥与老泥合理混合等方法，来降低封窖泥的废弃率，实现酿酒工艺坚守与环保标准提升的有机融合。

此外，为了加强酒厂全区环境管理，茅台借鉴北京、上海、杭州等城市的垃圾分类处理经验，并结合公司实际，制定了《垃圾分类实施方案》，定期对固体废弃物进行收集处置，且做到全过程、全方位监管。生活垃圾则坚持日产日清原则，转运到垃圾焚烧发电厂进行处理。至于污水处理厂产生的污泥，则用作生态农业生产的有机原料。

为绘就绿色画卷，茅台还不断强化自身责任担当，主动加强内部管控。具体包括设置了生态环境问题监督举报电话，员工可以随时向公司反映生态问题。同时，通过这种途径，广泛收集环保线索，加强生态环境监管力度，夯实茅台生态环境基础。每年与子公司签订生态环境保护工作目标责任书，设置环保考核办法，让子公司把环保措施落到实处。并且，茅台派出专门环保人员加大对子公司的环保巡查力度，督促子公司严格管控车间环保。在每一轮次、每一季度都开展环保专项检查考核，以及时发现、解决环保问题。严格贯彻"三同时"㊀制度，力争把环保审查把关工作落实到位。在公司项目立项之前，必

㊀ "三同时"制度是指在建设项目中，防治污染的设施，应当与主体工程同时设计、同时施工、同时投产使用。这是中国独创的、也是中国最早出台的一项环境管理制度。

须交由环保部门审批,并坚持"做不到环保就不审批、不办理环保手续就不开工、不达到环保标准就不验收"的"三不"原则。当然,环保部门也需要对公司在建项目进行全流程的跟踪监管,发现违反环保要求之处,立即纠正整改。

生态兴,则企业兴。未来,茅台将在生态环境方面持续发力,倾力打造出天蓝水清、环境优美的酿酒生态环境,为茅台高质量发展、永续发展保驾护航。

探索无止境

创造是为了寻找确定性,也是为了减少风险。

从"3C计划"到"169计划""158计划",中国酒类科技创新创造的大幕逐步打开,中国酿酒业的科技含量逐步为世人所知。在此过程中,白酒的神秘面纱被逐步掀开。借助科技的力量,我们窥见了一个前所未有的世界。

最显著的代表是"十三五"期间中国酒业取得的一系列创新成果。比如,以现代生物技术增进传统大曲特殊功能的研究、白酒风味品质评价体系的应用、酿造过程污染微生物群落高效动态监测技术等。

科技,助推着酒类行业跃迁。在茅台的发展历程中,可以印证这一点的研究不胜枚举。以风味为例,从2006年起,经过长达近15年的研究,茅台形成了一套包含样品前处理、风味解析和数据分析的风味剖析技术体系。

在茅台千余种风味物质的海洋中，科研人员确定了300多种有关键风味贡献的物质。在此基础上，构建了一套相似度评价体系，以提高出厂酒合格率。

但未知的世界仍然如海下冰山，在酒类的领域里，人们还需要向更深处探索，正如茅台酒里那些未被刻画清楚的风味物质一样，还等待着科研人员一一破解。

"智慧茅台"的打造，则是茅台为自身发展创建的安全基座。过去，经验是生产的指南针，而经验的积累需要无数次试错与漫长的时间训练。同时，个体经验的差异常常产生不同的标准，指导生产时也有波动的可能。基于数字化手段，酒醅的理化状态、微生物的生长状态、曲块的贮存状态等，都能以数据形式直观呈现。

每天，全厂600多个班组各个生产环节的工艺数据，都会从酒师、检验员等人的手中上传到后台终端集中收集。大量数据汇聚，经过分析处理后，上报到公司工艺技术指导小组。指导小组实时对生产过程、结果进行分析后，又反馈至一线。一旦有数据异常，生产人员便可实时进行调整。这为茅台酒质量稳定奠定了坚实的基础。

未来的大门正在徐徐打开，茅台需要探索的还有许多。

尤其当市场进入更高层次的发展阶段时，茅台面临的挑战更多。当下正处酱香热潮，据权图酱酒工作室报告，2021年，中国酱香酒产能约60万千升，和2020年基本持平，约占中国白

酒产能715.63万千升的8.4%。㈠

在此背景下，资本大量涌入。2021年8月，《南方周末》发布的一篇文章提到，茅台镇当地招商引资的一位官员，一天接待的企业最多达到9拨，预计投资规模累计上百亿。

酱香热之下，危机亦潜藏其中。一旦市场过热，许多竞争者都涌入酱香酒领域，那么一旦出现一点质量问题，最终都会波及整个酱香酒产业。所谓牵一发而动全身。此前酱香酒产业累积的品牌资源、市场优势等，都会受到影响。

新机遇也在此过程中不断涌现。比如，跨界企业的加入有可能改变白酒行业的玩法，新入局者可能会颠覆行业。那么在白酒行业，茅台作为头部企业，又该如何应对行业可能出现的变化呢？

拥抱未来，居安思危。

我们与茅台人对话时，时常能感受到他们强烈的危机感。茅台人具有很强的居安思危意识，又具有非常敏锐的先觉意识。正是如此，茅台当年才能率先为行业划分出三种典型体，也是第一个从风味物质角度研究酒的企业，更是第一批乘上数字化列车的企业。

未来广阔无垠，大幕徐徐开启。未知、新潮、科技、传

㈠ 党鹏.酱酒市场亟待透明化 下半场开启品质与品牌竞夺[N].中国经营报，2022-04-04（39）.

统，一切新鲜而又复杂的元素犹如夜空的星图，美丽而神秘。

在这样一个机遇与挑战并存的时代，无论对市场营销的探索，还是基于危机的思考与战略制定，都是茅台长期思考的方向。作为头部企业，茅台具备这样的实力和底气，也具有这样的使命感和责任感。在走向未来的路上，茅台势必会为行业提供更多的经验与智慧。

后　记
从茅台创造力到中国创造力

作为高成长典范，茅台光芒盛大，却极具神秘感。

光芒，来自茅台发展的实力印证。1999年，茅台创造营业收入8.91亿元，归母净利润2.16亿元；2019年，茅台创造营业收入854亿元，归母净利润412亿元。以20年为一个时间跨度，茅台实现了营收近95倍增长、归母净利润近190倍增长的跃迁，可谓A股市场高成长的典范。

神秘，源于茅台酿造中蕴藏着耐人寻味的传统智慧。作为中国酱香型白酒的典型代表，茅台酒的酿造历史悠久，工艺源远流长。其中难以被探析清楚的微生物、风味物质等，至今仍然是科研人员研究的难点。

在光芒与神秘中，潜藏着一个关键词——创造。然而，外界对茅台却有着极大的刻板印象——作为传统酿造企业，茅台有创造力吗？

2020年，当我们的调研团队进驻茅台进行采访时，茅台提

到的一句话，可以很好地解答这个疑问——"1 000个人对茅台有1 000种了解。外部人看茅台，是雾里看花；内部人看茅台，如果不经过一定的时间，也只能看到一个角落；真正要把茅台看清楚，需要时间的沉淀，也需要一定的悟性。"

换句话说，基于外界一星半点的信息，个体很难真正看清茅台的发展逻辑。回到问题本身，为什么外界会质疑茅台的创造力呢？在很大程度上，人们将传承传统工艺看作一件不断重复的事情，不过是日复一日踩曲、上甑，只需按照工艺操作守则来做便可以了。

实际上，只要走近茅台，便知道这一瓶酒的酿造过程中存在不少变量。哪怕是最为简单的天气变化，都会对酿造环境产生不同影响；相应地，微生物会发生变化，从而导致晾堂上的堆子呈现出不同的状态。这时，人们的创造性思维便会发挥作用，根据不同的情况，员工会采取不同的应对措施。值得一提的是，茅台还根据复杂的变量，打造了一套"经验＋数据＋过程"的三维判断体系。

走近茅台，创造的因子可谓无处不在。比如，风味的相似度评价体系被用于出厂酒的评定，在人工鉴别之外，又为茅台酒增加了一层防护。

如果说茅台科研人员的专业是不断在研究工作上进行创造，那么茅台一线员工则是在充分演绎企业的创造力。我们在采访调研时发现，许多一线员工极富创造性思维。

例如，制酒十六车间酒师杜贵红在生产过程中发现，由于行车抱斗的形状与酒窖不能完全贴合，导致抓取糟醅时无法将同一层酒醅全部抓取。经过与班组同事共同思考琢磨，杜贵红发明了平窖铲这一新工具，解决了抓取酒醅中存在的生产难点。

实际上，在整个茅台集团，创新的氛围都非常浓厚。早在二十世纪八九十年代，茅台便引进国际先进管理体系，其中包括QC（质量管理）体系。此后，茅台开始申报QC成果奖，这成为点燃茅台创造力的一把火，成功带动整个集团活跃思维。在几十年的发展历程中，茅台人坚守质量原则，进行了许多创造，推动着茅台稳步向前。

从小作坊到今天的千亿元营收、万亿元市值，茅台身上有太多值得挖掘的东西，而创造力可以看作茅台建厂70余年来实现跃迁的一个重要支点。正如《贵州日报》李勋所说，随着中华人民共和国的成立，茅台跨越式发展的每一个前行步伐、每一幅难忘图景，都在中国现代工业史上留下了生动的注脚。

作为中国民族品牌的典型代表，茅台身上所展现出的创造力，实际上也是中国创造力的重要体现。

今天，中国处在一个前所未有的时代，我们从未如此接近中华民族的伟大复兴。在实现国家富强、民族振兴、人民幸福的伟大征程上，每一个个体、每一家企业都是参与者。个体的创造、企业的创造，都助推着整个国家奔涌向前。正是如此，每个人的中国梦，才铸就了中国的中国梦。

滴水汇聚，以成江河大海。未来道阻且长，茅台一如千千万万家中国企业，还需不断前行。如今，在走上千亿元的舞台之后，茅台仍需保持活力，奔赴下一个高阶。一切都在变化，一切都是未知的，但未知之中，潜藏着无限可能，这不就是来自未知的吸引力吗？我们衷心祝福这样一家极具中国特色的企业，不断积蓄创造的力量，为中国创造添砖加瓦。

策划机构

考拉看看
KOALA CAN

考拉看看是中国领先的内容创作与运作机构之一，由资深媒体人、作家、出版人、内容研究者、品牌运作者联合组建，专业从事内容创作、内容挖掘、内容衍生品运作和超级品牌文化力打造。

考拉看看持续为政府机构、企业、家族及个人提供内容事务解决方案，每年受托定制创作超过2000万字，推动超过200部图书出版及衍生品开发；团队核心成员已服务超过200家上市公司和家族，包括褚时健家族、腾讯、阿里巴巴、华为、TCL、万向、娃哈哈及方太等。

书服家
FORBOOKS

书服家是一个专业的内容出版团队，致力于优质内容的发现和高品质出版，并通过多种出版形式，向更多人分享值得出版和分享的知识，以书和内容为媒，帮助更多人和机构发生联系。

写作 | 研究 | 出版 | 推广 | IP 孵化

电话：400-021-3677　　网址：Koalacan.com

读者交流